© 2017 Martins Editora Livraria Ltda., São Paulo, para a presente edição.
© Difusión, Centro de Investigación y Publicaciones de Idiomas,
S. L. Barcelona, 2011.
Esta obra foi originalmente publicada em espanhol sob o título *Was geht?*

Publisher	Evandro Mendonça Martins Fontes
Coordenação editorial	Vanessa Faleck
Produção editorial	Susana Leal
Tradução	Sandra Dolinsky
Preparação	Júlia Ciasca Brandão
Revisão	Renata Sangeon
	Lucas Torrisi
Revisão técnica	Júlia Ciasca Brandão
Diagramação	Douglas Yoshida
Redação	Eulàlia Mata Burgarolas
	Eduard Sancho
Projeto gráfico e capa	La japonesa
Ilustrações	Sergi Padró

Dados Internacionais de Catalogação na Publicação (CIP)
(Câmara Brasileira do Livro, SP, Brasil)

Illa, Assumpta Te
 Was geht? / Assumpta Terés Illa e Manuela Theurer ; tradução Sandra Martha Dolinsky. – São Paulo : Martins Fontes - selo Martins, 2017.

 Título original: Was geht?
 ISBN: 978-85-8063-321-4

 1. Alemão – Gíria – Dicionários 2. Alemão – Vocabulários, glossários – Português 3. Neologismos I. Theurer, Manuela. II. Título.

17-03188	CDD-469.09

Índices para catálogo sistemático:
1. Alemão : Gíria : Linguística   427.09

Todos os direitos desta edição reservados à
Martins Editora Livraria Ltda.
Av. Dr. Arnaldo, 2076
01255-000 São Paulo SP Brasil
Tel.: (11) 3116 0000
info@emartinsfontes.com.br
www.emartinsfontes.com.br

Was geht? é um dicionário de gírias juvenil e coloquial que permitirá ao leitor entender e começar a usar as palavras e expressões mais úteis, habituais e curiosas do alemão atual. Ele traz essa parte da língua alemã que, em geral, não aparece nos dicionários convencionais nem nos livros didáticos, e que também não se costuma ensinar aos alunos de alemão, porque é tabu, porque soa politicamente incorreto, ou simplesmente porque é de criação recente.

A gíria alemã atual se nutre da influência de grande número de idiomas estrangeiros, especialmente do inglês e das línguas originárias da imigração, acima de tudo a turca e a curda, por sua forma de falar omitindo algumas sílabas ou dispensando artigos, além de algumas contribuições lexicais. A gíria alemã se submete ainda a um processo de constante revisão e renovação. As palavras **prinzesseln** e **Saftschubse**, por exemplo, são algumas das incorporações mais recentes, ao passo que palavras menos inovadoras, como **quarzen** (fumar), continuam sendo usadas, e outras, como **Pauker** (professor), deixaram de ser utilizadas por completo.

Na língua alemã há dialetos tão variados quanto variadas são as regiões que os falam; no entanto, em **Was geht?**, optamos sempre pelo alemão padrão (*Hochdeutsch*).

Was geht? é, enfim, um pequeno guia prático dirigido a todos aqueles que sentem curiosidade por esse tipo de linguagem.

A editora

Abreviaturas

a alguém (acusativo)	*jdn*	jemanden
a alguém (dativo)	*jdm*	jemandem
alguém (nominativo)	*jd*	jemand
abreviação	*abrev./Abk*	Abkürzung
acrônimo	*acrôn./Akr*	Akronym
acusativo	*acus./Akk*	Akkusativ
adjetivo	*adj./Adj*	Adjektiv
advérbio	*adv./Adv*	Adverb
dativo	*dat./Dat*	Dativ
pejorativo	*pejor./abw*	abwertend
expressão	*expr./fest A*	feststehender Ausdruck
francês	*fr./frz*	französisch
inglês	*ing./engl*	englisch
irônico	*irôn./iron*	ironisch
invariável	*inv./inv*	unveränderlich
italiano	*it./it*	italienisch
literalmente	*lit./wörtl*	wörtlich
locução	*loc./Redew*	Redewendung
particípio	*p./Part*	Partizip
plural	*pl./Pl*	Plural
prefixo	*pref./Präf*	Präfix
pronominal	*prnl.*	pronominal
singular	*sing./Sing*	Singular
sufixo	*suf./Suff*	Suffix
substantivo	*s./N*	Nomen
substantivo masculino	*sm./m*	maskulines Nomen
substantivo feminino	*sf./f*	feminines Nomen
substantivo neutro	*sn./nt*	neutrales Nomen
verbo	*v./V*	Verb
verbo pronominal	*v. prnl./r V*	reflexives Verb
vulgar	*vulg./ugs*	umgangssprachlich

Abkürzungen

ALEMÃO-PORTUGUÊS

SAMSTAG SOLL ICH MIT MEINEN ALTEN IN DIE OPER. DAS GEHT ABER AUF KEINSTEN! • NO SÁBADO, MEUS PAIS QUEREM QUE EU VÁ COM ELES À ÓPERA. MAS NÃO **VOU NEM FODENDO!**

A

abblitzen lassen *v.*
FURAR, DAR CANO, DAR BOLO

—*Gestern hab ich Claudia auf ein Bier eingeladen, aber sie **hat** mich mal wieder **abblitzen lassen**.* • *Ontem convidei Claudia pra tomar uma cerveja, mas ela furou de novo.*

abchecken *v.*
1 FICAR, PEGAR, FAZER SEXO SEM COMPROMISSO

—*Leo **hat** am Freitag schon wieder eine **abgecheckt**. Ich weiß gar nicht, was die Bunnys an dem bloß finden.* • *Leo pegou outra menina na sexta. Não sei o que elas veem nele!*

2 CAIR FORA, VAZAR, SUMIR, DESAPARECER

—*Lust auf 'n Quicky? // **Check ab**, Alter!* • *A fim de uma rapidinha? // Cai fora, cara!*

abchillen *v.*
DESCANSAR, FOLGAR, RELAXAR, FICAR SOSSEGADO

—*Nach dem Wochenende muss ich erstmal **abchillen**. Ich bin zu nichts mehr zu gebrauchen.* • *Depois do fim de semana, preciso descansar, porque estou só o pó.*

TAMBÉM PODEMOS DIZER: ABSCHIMMELN

ab die Post *loc.*
ANDE, MEXA-SE, VAMOS LOGO

—*Wann kommt er endlich? Wir sind verdammt spät dran. // Da bin ich! Und **ab die Post**!* • *Quando ele vai chegar? É muito tarde! // Cheguei! Vamos logo!*

ABF *acrôn.*
(allerbeste/r Freund/in) *n.*
AMIGO DO PEITO, MELHOR AMIGO

—*Wir kennen uns schon seit dem Sandkasten. Er ist mein **ABF**!* • *Nós nos conhecemos desde o jardim de infância. Ele é meu melhor amigo.*

abfahren (auf etwas) v.
ADORAR, PIRAR, CURTIR

—*Die Mucke ist echt fett, ey. Da **fahr** ich voll drauf **ab**.* • *Esta música é demais. Adoro.*

abfucken v., do ing. fuck
PRONUNCIA-SE "FACK"!

1 ENCHER O SACO, IRRITAR

—*Diese Nervensäge hier blickfickt mich schon die ganze Zeit. Der **fuckt** mich vielleicht **ab**.* • *Esse chato fica me secando o tempo todo com os olhos. Já está me enchendo o saco.*

2 BATER AS BOTAS, MORRER

—*Letzte Woche **ist** der Hund von meiner Oma **abgefuckt**.* // *Kein Wunder, der war ja fast so alt wie sie.* • *Semana passada, o cachorro da minha avó morreu.* // *Também, era quase tão velho quanto ela.*

3 abgefuckt adj.
a A FILHO DA MÃE, CUZÃO, ESCROTO

—*Der Typ ist echt das Letzte, der ist voll **abgefuckt**.* • *Esse cara é o pior, um puta cuzão.*

b SER UM LIXO, ESTAR ACABADO, SER UM FIASCO

—*Lass uns abhauen, der Laden ist total **abgefuckt**.* • *Vamos cair fora, este bar é um lixo.*

abfüllen (sich) v. prnl.
ENCHER A CARA, DAR PT, EMBEBEDAR-SE

—*Auf der Party von Hannes wollte ich eigentlich gar nichts trinken. Aber letztendlich **habe** ich **mich** dann doch **abgefüllt**.* • *Não queria beber nada na festa do Hannes, mas no fim acabei dando PT.*

Também podemos dizer: **bechern, sich enthirnen, sich abschießen, saufen**

abgebrannt adj.
ESTAR DURO, LISO, SEM UM PUTO

—*Wir waren gestern noch auf ein paar Mojitos im Big Bang und jetzt bin ich total **abgebrannt**.* • *Ontem fomos de novo ao Big Bang beber uns mojitos, e hoje estou sem um puto.*

abgedreht adj.
LESADO, MALUCO

—*Die Schwester von Jan ist in letzter Zeit echt **abgedreht**. Die bringt lauter schräge Sachen!* • *A irmã do Jan anda bem lesada ultimamente. Faz coisas muito estranhas.*

abgehen v.

1 ADORAR, PIRAR, CURTIR

—*Bei der Serie „The Wire" geht mir voll einer ab.* // *Ich finde sie auch absolut super.* • *Adoro a série "The Wire".* // *Eu também, piro com ela!*

2 ACONTECER, OCORRER

—*Im Winter ist dieses Dorf echt tote Hose. Da geht nichts ab.* • *Esta cidade é um saco no inverno. Não acontece nada.*

abgefahren adj.

MUITO LEGAL, FODA, MASSA

—*Die neue Scheibe von Coldplay ist echt abgefahren. Du musst sie unbedingt hören, da gehst du ab.* • *O novo CD do Coldplay é muito foda. Você precisa ouvir, vai pirar.*

abgespaced adj.

1 DE OUTRO MUNDO

—*Messi ist voll abgespaced: Er ist der beste Fußballer aller Zeiten.* • *Messi é um jogador de outro mundo: para mim, é o melhor jogador da história.*

2 FREAK, ESTRANHO

—*Seitdem er mit den merkwürdigen Typen vom Movie rumhängt, ist er richtig abgespaced!* • *Desde que começou a sair com aquele cara estranho do cinema, virou freak!*

abhauen v.

MANDAR-SE, VAZAR, DAR O FORA

—*Wenn ich die Schule fertig hab, werd ich hier abhauen.* • *Quando acabar o colégio, eu me mando daqui.*

Com esse sentido também podemos dizer: abdampfen, abschwirren, die Biege machen, die Kurve kratzen, den Abflug machen, Leine ziehen, 'nen Schuh machen, sich aus dem Staub machen, sich vom Acker machen, sich verdünnisieren, sich verdrücken, sich verkrümeln, sich verpieseln, sich verpissen, verduften.

ablöffeln v.

MORRER, BATER AS BOTAS, ESTICAR AS CANELAS

—*Der Arzt sagt, wenn der Alte von Torben so weitersäuft, wird er bald ablöffeln.* • *O médico disse que se o velho Torben continuar bebendo desse jeito, logo vai bater as botas.*

> A locução **den Löffel abgeben** significa literalmente "devolver a colher".

abmelken v.

BATER PUNHETA, BATER UMA BRONHA, BATER UMA (lit. ORDENHAR)

—*So 'ne Sau, der hat doch vorhin auf dem Klo abgemelkt!* • *Que nojo! Ele acabou de bater punheta no banheiro!*

abschleppen *v.*
ENVOLVER-SE COM ALGUÉM, SAIR, FICAR

—*Fang mit dem Typen bloß nix an. Der **schleppt** jeden Abend 'ne andere **ab**!* • *Nem pense em ficar com esse sujeito. Cada noite ele pega uma diferente.*

abschminken (sich etwas) *v. prnl.*
TIRAR DA CABEÇA, ESQUECER

—*Das mit Carla **kannst** du **dir abschminken**. Die zieht seit Wochen mit Marko rum.* • *Pode tirar a Carla da cabeça. Faz semanas que ela está saindo com Marko.*

abseilen (einen) *loc.*
CAGAR, DAR UMA CAGADA

—*Ich schnapp mir mal eben die Zeitung und geh **einen abseilen**. Stör mich bloß nicht dabei.* • *Vou pegar o jornal e dar uma cagada. Nem pense em me incomodar.*

abspacken *v.*
1 ALUCINAR, PIRAR, EMOCIONAR-SE COM ALGO

—*Über die neue Scheibe ist Inge total **abgespackt**. Da hast du offensichtlich voll ihren Geschmack getroffen!* • *Inge está alucinada com o CD que você deu pra ela. Acertou em cheio!*

2 PISAR NA BOLA

—*Fabian ist in der letzten Zeit in der Schule voll **abgespackt**. Weißt du, was mit ihm los ist?* • *No colégio, Fabian tem pisado muito na bola. Aconteceu alguma coisa com ele?*

3 DANÇAR COMO UM LOUCO

—*Gestern in der Disko **hat** er total **abgespackt**.* • *Ontem ele dançou como um louco na balada.*

abtanzen *v.*
DANÇAR, BALANÇAR O ESQUELETO

—*Die Mucke war so richtig fett. Wir **haben** bis in die Puppen **abgetanzt**.* • *A música estava demais. Dançamos até as tantas.*

abtörnen *v.*
CORTAR O BARATO, MIAR

—*Als ich kam, war ich noch gut drauf, aber die miese Mucke **hat** mich total **abgetörnt**.* • *Ainda estava de bom humor quando cheguei, mas essa merda de música cortou o meu barato.*

abzocken *v.*
ROUBAR, FAZER A LIMPA

—*Geh bloß nicht in diesen Schuppen, die **zocken** dich nach Strich und Faden **ab**!* • *Nem pense em ir a essas quebradas, vão fazer a limpa em você!*

Ach *sn.*
mit Ach und Krach *loc.*
AOS TRANCOS E BARRANCOS, A DURAS PENAS

—*Fabian hat **mit Ach und Krach** sein VWL-Studium geschafft. Er hat sieben Jahre dafür gebraucht.* • Fabian concluiu o curso de Administração de Empresas aos trancos e barrancos. Levou sete anos para se formar.

Acker *sm.*
sich vom Acker machen *loc.*
CAIR FORA, DAR O FORA, VAZAR

—*Als wir diesen Vollhorst auf der Party gesehen haben, **haben** wir **uns** sofort **vom Acker gemacht**.* • Assim que vimos aquele imbecil na festa, caímos fora.

Alk *sm.*
BEBIDA ALCOÓLICA

—*Für die Party hat Freddy den **Alk** besorgt. Alles andere sollen wir mitbringen.* • Freddy arranjou as bebidas pra festa. O resto, nós vamos ter que trazer.

alken *v.*
BEBER ATÉ CAIR, ENCHER A CARA

—*Am Wochenende gibts Freibier im Abgedreht. Da können wir mal wieder so richtig **alken**.* • No fim de semana, há cerveja grátis no Bar do Maluco. Vamos encher a cara outra vez.

Alte/r *s.*
1 CARA, MEU, MANO, VELHO

—*Was geht, **Alter**? Kommst du nun mit ins Kino?* • E aí, cara? Você vai ao cinema comigo?

2 PAI/MÃE, VELHO, COROA

—*Meine **Alten** haben wegen der Mathenote vielleicht einen Stress gemacht.* • Meus pais fizeram um escândalo por causa da nota de matemática, você nem imagina.

TAMBÉM OLLER E OLLE

ankotzen *v.*
ENCHER O SACO, IRRITAR

—*Das ständige Rumgeplärre meiner Schwester **kotzt** mich vielleicht **an**. Die nervt so richtig.* • Você não sabe como a eterna choradeira da minha irmã me enche o saco. Isso me tira do sério.

antörnen *v.*
ANIMAR-SE, EXCITAR-SE (COM ALGO)

—*Mach mal die Mucke lauter. Die **törnt** mich voll **an**!* • Aumente o som. Essa música me anima muito!

Apfel *sm.*
in den sauren Apfel beißen *loc.*
FAZER DA NECESSIDADE VIRTUDE, SACRIFICAR-SE, AGUENTAR O TRANCO POR ALGO

—*Ich muss wohl **in den sauren Apfel beißen** und die Hälfte der Ferien malochen,* um die Knete für Mallorca zusammenzukriegen. • Tenho que aguentar o tranco e trabalhar metade das férias, para ganhar grana suficiente para ir a Mallorca.

Ärmel *sm.*
die Ärmel hochkrempeln *loc.*
RALAR, ESFORÇAR-SE
(*lit.* ARREGAÇAR AS MANGAS)

—*Der Lehrer hat gesagt, wenn ich nicht die Klasse wiederholen will, muss ich ab sofort **die Ärmel hochkrempeln**.* • *O professor disse que, se eu não quiser repetir o ano, tenho que ralar.*

Arsch *sm.*
1 am Arsch vorbeigehen *loc.*
NÃO ESTAR NEM AÍ, NÃO LIGAR, ESTAR POUCO SE FODENDO

—*Die Tusse hat mich vielleicht blöd angemacht, aber mir **geht es am Arsch vorbei**.* • *Essa mina cismou comigo, mas não estou nem aí pra ela.*

2 ein ganzer Arsch voll *loc.*
UM MONTÃO, UMA PÁ

—*Am Anfang war nix los, aber auf einmal kam doch **ein ganzer Arsch voll** Leute auf die Party von Diego und es wurde noch richtig krass.* • *No começo, não rolou nada, mas de repente apareceu uma pá de gente, e a festa do Diego acabou ficando bem legal.*

3 Hummeln im Arsch haben *loc.*
NÃO PARAR QUIETO, TER BICHO CARPINTEIRO
(*lit.* TER VESPAS NO CU)

—*Was zappelst du schon wieder hier so rum? **Hast du Hummeln im Arsch**, oder was?* • *Você não consegue ficar quieto? Parece até que tem bicho carpinteiro!*

4 im Arsch sein *loc.*
ESTAR SÓ O PÓ, ESTAR ACABADO

—*Scheißkater, ich **bin** total **im Arsch**.* • *Nossa, que ressaca! Estou só o pó.*

5 in den Arsch gehen *loc.*
ESTRAGAR, FICAR UMA MERDA

—*Ich kauf keine teuren Markenklamotten mehr. Am Ende **gehen** die auch **in den Arsch**.* • *Não compro mais roupas de marca. No fim, fica tudo a mesma merda.*

6 jdn am Arsch haben *loc.*
FLAGRAR, PEGAR NO PULO

—*Beim letzten Mal Schwarzfahren haben sie mich **am Arsch gehabt**. Seitdem kauf ich 'ne Monatskarte.* • *Desde que me flagraram entrando no metrô sem pagar, compro o bilhete mensal.*

7 sich den Arsch aufreißen *loc.*
DAR O SANGUE, RALAR, FAZER GRANDE ESFORÇO

—*Für das Theaterstück haben wir **uns** alle ganz schön **den Arsch aufgerissen**. Aber am Ende hat es sich auch gelohnt!* • *Ralamos para preparar a peça de teatro, mas no fim valeu a pena!*

arscheckig *adj.*
CARETA, QUADRADO

—*Die Alten von Mario tun immer so cool, dabei sind sie total **arscheckig**.* • *Os pais do Mario dão uma de tolerantes, mas na verdade são bem caretas.*

Arschgeweih *sn.*
TATUAGEM ACIMA DO CÓCCIX
(*lit.* CHIFRE DO CU)

—*Zu Weihnachten schenke ich mir ein **Arschgeweih**. // Super Idee, das schenk ich dir dann, Mama!* • *De Natal, vou me dar uma tatuagem acima do cóccix. // Que legal, mãe, eu dou de presente pra você!*

TAMBÉM PODEMOS DIZER SCHLAMPENSTEMPEL

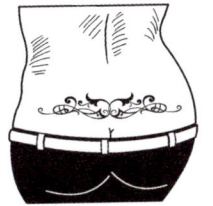

Arschkriecher/in *s.*
PUXA-SACO

—*Kein Wunder, dass dieser **Arschkriecher** von Alex das beste Zeugnis hat.* • *Não me admira que Alex, aquele puxa-saco, tire as melhores notas.*

TAMBÉM PODEMOS DIZER SCHLEIMER/IN

Arschloch *sn.*
CUZÃO, FILHO DA PUTA, ESCROTO

—*Kevins Bruder ist ein echtes **Arschloch**. Der legt sich mit allen an.* • *O irmão do Kevin é um verdadeiro cuzão. Arruma confusão com todo mundo.*

Assisticker *sm.*
TATTOO, TATUAGEM

—*Fatou hat jetzt auch einen **Assisticker** auf der Schulter. // Ja, einen Drachen. Gar nicht mal so übel.* • *Ana também fez uma tatuagem no ombro. // Sim, um dragão. Nada mal.*

aufbitchen (sich) *v. prnl.*
ARRUMAR-SE, PRODUZIR-SE

—*Für wen hast du **dich** denn so **aufgebitcht**? Du siehst ja aus wie die letzte Schlampe.* • *Para quem você se arrumou desse jeito? Parece uma puta.*

auf ex *loc.*
VIRAR, EMBORCAR, BEBER NUM SÓ GOLE

—*Nach dem sechsten Tequila* **auf ex** *war ich nur noch am Reihern.* • Depois de virar seis tequilas, acabei vomitando.

aufgabeln *v.*
CONHECER AO ACASO, ARRANJAR, PEGAR

—*Wo* **hast** *du denn den Typen* **aufgegabelt**? *Der ist ja voll daneben.* • Onde você conheceu esse cara? Ele é maluco.

auf keinsten *loc.*
NEM FODENDO, NEM A PAU, NEM LOUCO

—*Samstag soll ich mit meinen Alten in die Oper. Das geht aber* **auf keinsten**! • No sábado, meus pais querem que eu vá com eles à ópera. Mas não vou nem fodendo!

aufpimpen *v.*
MAQUIAR-SE, EMPERIQUITAR-SE

—*Die Alte von Kai* **pimpt** *sich immer* **auf**! // *Ja, der steht auf sowas.* • A esposa do Kai sempre se maquia demais. // Sim, ele gosta disso.

TAMBÉM AUFBREZELN

Aufs Maul! *loc.*
VÁ SE FODER! VÁ À MERDA!

—*Na, du Schnecke, wie wärs mit uns beiden?* // **Aufs Maul!** • Oi, gata! Que tal se eu e você… // Vá se foder!

Augenkrebs (bekommen) *loc.*
DOER SÓ DE OLHAR (*lit.* PEGAR CÂNCER NOS OLHOS)

—*Wenn ich den schon seh, bekomm ich* **Augenkrebs**. *Das ist der letzte Hässlon.* • Dói só de olhar! É o sujeito mais feio do mundo!

ausflippen *v.*
1 PIRAR, ALUCINAR, FICAR MALUCO

—*Als die Tusse da vor meinen Augen mit Tim rumgemacht hat,* **bin** *ich regelrecht* **ausgeflippt**. • Fiquei maluco quando a mina começou a pegar o Tim bem debaixo do meu nariz.

2 PERDER A CABEÇA, FICAR MALUCO

—*Als ich gesehen habe, wie er mit meinem Handy abhauen wollte,* **bin** *ich* **ausgeflippt**. • Quando vi que ele queria ir embora com meu celular, perdi a cabeça.

auskotzen (sich) *v. prnl.*
CONTAR TUDO, ABRIR O JOGO, DESEMBUCHAR

—*Los,* **kotz** *dich schon* **aus**. *Was ist passiert mit Klaus?* • Ande, conte tudo! Como foi com Klaus?

Bahnhof sm.
nur Bahnhof verstehen loc.
NÃO ENTENDER NADA, OUVIR (ALGO) QUE PARECE GREGO

—*Hast du etwa kapiert, was sie meint? Ich **verstehe nur Bahnhof**!* • *Você entendeu alguma coisa do que ele disse? Pra mim, parece grego.*

Ball sm.
1 am Ball bleiben loc.
INSISTIR, FICAR EM CIMA

—*Wenn du den Job willst, musst du **am Ball bleiben**. Ruf ruhig da an und zeig, dass du Interesse hast.* • *Se quiser esse emprego, tem que ficar em cima. Ligue para eles e demonstre interesse.*

2 den Ball zuschieben loc.
DEIXAR DE FORA (*lit.* PASSAR A BOLA)

—*Das kenn ich schon von den beiden. Sie **schieben** sich gegenseitig **den Ball zu** und du siehst kein Land mehr!* • *Sei como funciona. Eles passam a bola entre si e nos deixam de fora.*

3
PASSAR A BATATA QUENTE, PASSAR A BOLA, JOGAR O PROBLEMA PARA O OUTRO

—*Ich hab, ich weiß nicht wie oft, bei der Kundenbetreuung angerufen, um mich abzumelden, aber es ist einfach unmöglich. Sie **schieben** sich gegenseitig **den Ball zu**, während ich weiterhin zahlen muss. Es ist eine Schande!* • *Liguei não sei quantas vezes para o atendimento ao cliente para cancelar minha assinatura, mas é simplesmente impossível: cada um passa a bola para o outro, enquanto eu tenho de continuar pagando. É uma vergonha!*

baff adj.
EM CHOQUE, PASMO, BOBO

—*Als sie uns gesagt hat, dass sie heiraten will, da waren wir alle ziemlich **baff**. Das hätten wir nie gedacht, weil sie doch immer dagegen war!* • *Quando disse que queria se casar, ficamos em choque. Nunca poderíamos imaginar uma coisa dessas, porque ela sempre foi contra o casamento.*

baggern *v.*
TRANSAR, FODER, TREPAR

—*Der Schuppen da ist ein super Ort zum **Baggern**. Wenn du mal wieder so richtig abchecken willst, dann lass uns da hingehen!* • Aquele galpão é perfeito pra foder. Quando estiver a fim de dar uns pegas, é pra lá que vamos!

Bär *sm.*
1 BOMBADO, MAROMBADO, GRANDALHÃO (*lit.* URSO)

—*Den **Bären** da, den kenn ich. Der kommt aus meinem Kaff. Der lässt uns bestimmt umsonst rein!* • Conheço aquele marombado ali. É da minha cidade. Com certeza vai deixar a gente entrar de graça!

2 der Bär abgehen *loc.*
LEGAL, ANIMADO, EMPOLGANTE, AGITADO (PARA AMBIENTES)

—*Seitdem der DJ Mike auflegt, **geht** hier echt **der Bär ab**.* • Desde que o DJ Mike toca aqui, o ambiente é muito legal.

TAMBÉM PODEMOS DIZER
HIER IST DER BÄR LOS, HIER STEPPT DER BÄR!, HIER STEPPT DIE LUTZIE

3 sich am Bär kratzen *loc.*
COÇAR A PERIQUITA, A PERSEGUIDA

—*Hast du das Foto von Paris Hilton gesehen, auf dem sie **sich am Bär kratzt**?* • Você viu a foto de Paris Hilton coçando a periquita?

bärig *adj.*
GATO, BONITO

—*Roger ist echt **bärig**. Aber ich glaub, der hat schon was mit Nicole am Laufen.* • Roger é um gato, mas acho que já está de rolo com Nicole.

Batzen *sm.*
UM MONTÃO, UMA PÁ

—*Du fasst es nicht. Letzte Woche waren wir im Casino und da hab ich doch tatsächlich einen **Batzen** Geld gewonnen.* • Você não vai acreditar! Semana passada ganhei um montão de dinheiro no cassino.

Bauch *sm.*
1 aus dem Bauch heraus *loc.*
DE FORMA NATURAL, SEM PENSAR MUITO, POR INTUIÇÃO

—*Ehrlich gesagt, denk ich da nicht groß drüber nach. Ich mach das einfach **aus dem Bauch heraus**!* • Na verdade, não penso muito. Faço por intuição!

2 aus dem hohlen Bauch *loc.*
FAZER DE MODO ESPONTÂNEO, SEM PREPARAÇÃO, DE IMPROVISO

—*Auf das Referat bereite ich mich nicht vor. Das mach ich **aus dem hohlen Bauch** heraus!* • Não vou me preparar pro seminário. Vou apresentar de improviso!

bechern *v.*
ENCHER A CARA, BEBER

—*Ich hab jetzt aufgehört zu **bechern**. Das ist echt ausgeufert und fast jeden Abend war ich besoffen!* • Agora não encho mais a cara. Andava descontrolado, acabava dando PT quase todos os dias!

begrabschen *v.*
PASSAR A MÃO, APALPAR

—*Erst war er ja ganz bärig. Aber als er dann anfing, mich zu **begrabschen**, hab ich ihm eine gelangt.* • No começo, ele foi uma gracinha. Mas quando começou a passar a mão em mim, dei um tabefe nele.

TAMBÉM PODEMOS DIZER BEFUMMELN

bekifft *adj.*
CHAPADO, MUITO LOUCO

—*Als wir letztes Wochenende bei Tanja waren, haben wir einen nach dem anderen gebarzt. Mann, waren wir am Ende vielleicht **bekifft**!* • No fim de semana passado, fumamos um baseado atrás do outro na casa da Tânia. Ficamos muito loucos!

bekloppt *adj.*
IMBECIL, TONTO, IDIOTA

—*Die Zimtzicke da baggert die ganze Zeit meinem Typen an und denkt, ich merk's nicht. Ich bin doch nicht **bekloppt**!* • Aquela vaca ali fica dando em cima do meu namorado o tempo todo e acha que não percebo. Não sou idiota!

beknackt *adj.*
IDIOTA, BESTA

—*Alle waren begeistert, aber ich fand den Film total **beknackt**.* • Todos ficaram impressionados, mas eu achei o filme totalmente besta.

TAMBÉM PODEMOS DIZER BESCHEUERT

beschissen *adj.*
ARRASADO

—*Nach dem Telefonat gings mir absolut **beschissen**. Meine Tante hat mir erzählt, dass sie Krebs hat.* • Depois de falar com minha tia, fiquei arrasado. Ela me contou que está com câncer.

Beule *sf.*
eine Beule in der Hose haben *loc.*
FICAR DE PAU DURO
(*lit* TER UMA BOLA/
UM GALO NA CALÇA)

—*Das ist eine scharfe Braut. Die schaut mich an und schon **hab** ich **eine Beule in der Hose**.* • *Ela é muito gostosa. Só de olhar, já fico de pau duro.*

Beziehungskiste *sf.*
ESTAR EM UM RELACIONAMENTO SÉRIO COM ALGUÉM

—*Die Alte nervt. Seitdem sie diese **Beziehungskiste** mit Moritz hat, labert sie nur noch von ihm.* • *Ela me tira do sério. Desde que está num relacionamento sério com Moritz, passa o dia todo falando dele.*

Biege *sf.*
1 eine Biege fahren *loc.*
DAR UM ROLÊ, UMA VOLTA

—*Wie findest du meine neue Kiste? Lass uns **eine Biege fahren**!* • *O que achou do meu carro novo? Vamos dar um rolê por aí?*

2 die Biege machen *loc.*
CAIR FORA, VAZAR, IR EMBORA

—*Der Film ist echt zum Kotzen. Lass uns **die Biege machen**.* • *Este filme é uma merda. Vamos cair fora!*

Bienenkotze *sf.*
MEL (*lit.* VÔMITO DE ABELHA)

—*Halsschmerzen? Da hilft heiße **Bienenkotze** mit Zitrone.* • *Dor de garganta? Tome mel quente com limão.*

Bier(-chen) *sn.*
ein Bier(-chen) trinken gehen *loc.*
SAIR PARA/IR TOMAR UMA CERVEJINHA

—*Komm, lass uns **ein Bierchen trinken gehen**. Ich lad dich ein!* • *Ande, vamos tomar uma cervejinha. É por minha conta.*

Em alemão, formamos o diminutivo acrescentando **-chen** à última sílaba. Atenção! Se houver uma vogal na primeira sílaba, esta passará a ser escrita com trema (ä, ö, ü). Por exemplo, **Haus > Häuschen, Bruder > Brüderchen**. Em algumas partes da Alemanha também se usam os sufixos diminutivos **-lein** ou **-le**.

bitchen *v.*
1 RECLAMAR DE TUDO
—*Svenja ist mal wieder zickig heut. Die **bitcht** die ganze Zeit nur rum.* • *Svenja está de mau humor outra vez. Não para de reclamar de tudo.*

2 PEGAR QUALQUER UM, PASSAR O RODO (sexualmente)
—*Lass bloß die Finger von dieser Braut. Die **bitcht** doch mit jedem!* • *Não se meta com essa mina! Ela pega qualquer um.*

blablibub *expr.*
BLÁ-BLÁ-BLÁ; ETC., ETC., ETC.

—*Dann sagte er noch, wenn ich so weitermache, schiffe ich noch total ab, und ich sollte doch mehr lernen,* **blablibub**... • *E então ele disse que eu acabaria mal se continuasse assim, e que eu devia estudar mais, e blá-blá-blá...*

blasen *v.*
jdm einen blasen *loc.*
FAZER UM BOQUETE, CHUPAR O PAU DE ALGUÉM

—*Wie war's denn mit Malte am Samstag noch so? // Du wirst es nicht glauben! Als ihr weg wart, da wollte er doch tatsächlich, dass ich* **ihm einen blase**, *da bin ich dann auch gleich abgehauen.* • *Como foi com Marcos no sábado? // Você não vai acreditar! Quando vocês saíram, ele me pediu um boquete, e eu caí fora, é claro.*

Blatt *sn.*
1 auf einem anderen Blatt stehen *loc.*
AÍ JÁ É OUTRA HISTÓRIA!

—*Kai sagte, er komme so spät nach Hause, weil er Überstunden gemacht habe. Ob er die Wahrheit sagte,* **steht auf 'nem anderen Blatt**! • *Kai disse que chegou tarde em casa porque fez hora extra. Se isso é verdade, aí já é outra história!*

2 das Blatt wenden *loc.*
VIRAR O JOGO, VIRAR A SORTE

—*Erst sah's so aus, als würden wir das Spiel verlieren, aber dann* **hat** *sich* **das Blatt gewendet** *und wir haben haushoch gewonnen!* • *No começo, parecia que íamos perder, mas depois o jogo virou, e ganhamos com folga.*

3 kein Blatt vor den Mund nehmen *loc.*
NÃO TER PAPAS NA LÍNGUA

—*Als mein Chef mich da vor allen anderen zur Sau gemacht hat, da hab ich ihm ganz schön die Meinung gegeigt. // Du* **nimmst** *ja auch* **kein Blatt vor den Mund**. • *Quando meu chefe me diminuiu na frente de todos os colegas, eu disse tudo o que pensava. // É, você não tem papas na língua.*

blau *adj.*
1 blaumachen *v.*
MATAR AULA

—*Am Montag bin ich nicht zur Schule, ich war von der Party am Samstag noch fix und alle. // Wenn du weiterhin so oft* **blaumachst**, *fliegst du noch raus!* • *Na segunda, não fui à escola, ainda estava só o pó por causa da festa de sábado. // Se continuar matando tanta aula, vai acabar sendo expulso!*

> **EM VEZ DE DIZER**
> **BLAUMACHEN,**
> **TAMBÉM PODEMOS DIZER**
> **BLÄUEN**

2 mit einem blauen Auge davonkommen *loc.*
DAR-SE BEM, LIVRAR A CARA

—*Die Hooligans **sind** wieder **mit einem blauen Auge davongekommen**. Sie müssen nur den Schaden ersetzen.* • *Os vândalos se deram bem de novo. Só terão que pagar pelos danos materiais.*

3 blau sein *loc.*
BÊBADO, MAMADO, BÊBADO COMO UM GAMBÁ

—*Victor **war** schon **blau**, als er auf der Party aufgelaufen ist.* // *Ja, der säuft ganz schön in letzter Zeit.* • *Victor já estava mamado quando chegou à festa.* // *Sei... ultimamente ele tem bebido como uma esponja.*

Também podemos usar os adjetivos: **besoffen**, **stockbesoffen** (bêbado como um gambá), **stramm**, **dicht**, **voll** (granatenvoll), **hacke** (hackenvoll, hackedicht), **knülle**, **breit**, **latten**.

Blaumann *sm.*
MACACÃO AZUL (ROUPA)

—*Nimm mal deinen **Blaumann** zum Waschen mit nach Hause, der steht ja vor Dreck!* • *Leve o macacão azul para lavar em casa, está muito encardido!*

blickficken *v.*
DAR EM CIMA DE ALGUÉM, CANTAR, PAQUERAR, PAGAR PAU, SECAR
(*lit.* FODER COM O OLHAR)

—*Guck mal diesen Typen da drüben, der **blickfickt** mich schon die ganze Zeit über.* // *Bild dir nix drauf ein, das macht der bei jeder!* • *Olhe, aquele ali está pagando o maior pau pra mim.* // *Não se iluda, ele faz isso com todas!*

Blindgänger/in *s.*
TROUXA, FRACASSADO

—*Der Neue von Steffi ist ein echter **Blindgänger**.* • *O novo namorado da Steffi é um trouxa.*

> **Blindgänger** é termo de origem militar que faz referência aos projéteis oriundos principalmente da Segunda Guerra Mundial que não estouraram e permaneceram enterrados em muitas cidades alemãs.

Blitz! *interj.*

ESTÁ BRINCANDO! VERDADE? SÉRIO? É MESMO? BRINCOU!

—*Weißt du schon, dass Nina einen neuen Macker hat?* // **Blitz!**
• *Sabia que Nina está de namorado novo?* // *Está brincando!*

> Essa expressão é sinônima a **Ach echt**?

Blondes *sn.*
ein kühles Blondes *loc.*

UMA CERVEJA GELADA
(*lit.* UMA LOURA GELADA)

—*Was für 'ne Hitze heut! Ich hätte nichts gegen ein **kühles Blondes**.*
• *Que calor! Não teria nada contra uma cerveja bem gelada.*

Bock *sm.*
1 geiler Bock *loc.*

VELHO BABÃO, VELHO TARADO

—*Schau mal, das Ekelpaket da drüben. Der blickfickt mal wieder die ganze Zeit.* // *Das ist ein **geiler Bock**, sag ich dir!* • *Que nojento aquele ali. Não para de olhar pra mim.* // *É um velho babão mesmo!*

2 keinen/null Bock haben *loc.*

DISPENSAR, PASSAR, NÃO ESTAR A FIM

—*Kommst du mit ins Kino?* // *Nee, **keinen Bock**!* • *Você vai cinema?* // *Não, não tô a fim.*

bocken *v.*

SER LEGAL, DEMAIS, MASSA, FODA

—*Letztes Wochenende war ich beim Bungee Jumping, das **bockt** voll.* • *No fim de semana passado pulei de bungee-jump. Foi muito legal!*

bolle *adj.*

1 ESTAR PUTO (DA VIDA), COM RAIVA

—*Jule ist total **bolle**, weil sie nicht zur Party eingeladen wurde.* • *Jule está puta, porque não foi convidada pra festa.*

2 NÃO ESTAR NEM AÍ, ESTAR POUCO SE FODENDO, QUERER QUE ALGUÉM SE FODA

—*Chris hat heute Geburtstag, hast du ihm schon gratuliert?* // *Nee, das ist mir ehrlich gesagt so ziemlich **bolle**.* • *Hoje é aniversário do Chris, já deu os parabéns para ele?* // *Não, ele que se foda.*

bonzig *adj.*

METIDO, MAURICINHO/PATRICINHA

—*Dieses **bonzige** Gehabe von Philip geht mir echt auf die Eier.* • *Estou de saco cheio do Philip com seu jeito de mauricinho!*

Braten sm.

1 den Braten riechen loc.

DESCONFIAR

—*Gestern war ich mit Jannick verabredet, und hab meinen Alten gesagt, ich geh zu 'ner Freundin. Aber dann **haben** sie **den Braten gerochen** und mir die Hölle heiß gemacht.* • *Tinha combinado de me encontrar com Jannick ontem, mas disse a meus pais que ia sair com uma amiga. Eles desconfiaram, e você não sabe o escândalo que fizeram.*

2 einen Braten in der Röhre haben loc.

ENGRAVIDAR

—*Weißt du schon, dass Annika **einen Braten in der Röhre hat**? // Blitz! Und von wem?* • *Sabia que Annika engravidou? // Verdade? E de quem?*

bratze (hässlich) adj.

FEIO, HORRÍVEL, TRIBUFU, FILHOTE DE CRUZ-CREDO

—*Alle sagen, der neue Sportlehrer ist voll bärig, aber ich find ihn nur **bratze**.* • *Todo mundo diz que o professor de educação física é um gato, mas, pra mim, parece um filhote de cruz-credo.*

Braut sf.

MINA (lit. NAMORADA)

—*Die **Braut** dort ist echt bombe. // Vergiss es, das ist die Ische von Christoph!* • *Aquela ali é um espetáculo. // Esqueça, é a mina do Christoph!*

Brett sn.

1 GOSTOSA, DELÍCIA, DEUSA

—*Das ist vielleicht ein **Brett** da drüben. Meinst du, mit der kann was laufen?* • *Que gostosa! Acha que tenho alguma chance?*

2 ein Brett vor dem Kopf haben loc.

SER MEIO LENTO, LESO, LERDO

—*Alle haben's gerallt, nur Tom nicht. // Ja, der **hat** öfter **ein Brett vor dem Kopf**!* • *Todo mundo descobriu, menos Tom. // É que esse aí é meio lento mesmo!*

Bullen sm. pl.

POLÍCIA, CANA, GAMBÉ

—*Die Party war echt super, bis die **Bullen** auftauchten.* • *A festa estava ótima, até que os canas chegaram.*

Bullenhitze sf.

CALOR DOS INFERNOS, FORNO

—*Mach mal ein Fenster auf, hier drin ist ja 'ne **Bullenhitze**.* • *Abra a janela que aqui dentro está um calor dos infernos!*

Bunny sn.

BARBIE (BONITA POR FORA, MAS DE CABEÇA VAZIA)

—*Dieses **Bunny** da drüben will bestimmt was von dir.* • *Aquela Barbie ali está a fim de você.*

Chateau Migraine *sm., irôn.*
VINHO DE GARRAFÃO, BARATO, DE MÁ QUALIDADE

Nome divertido para marca imaginária de vinho francês barato (**migraine** significa "enxaqueca" em francês).

—*Klasse Party am Samstag, aber danach hatten wir alle Kopfschmerzen. // Das macht der **Chateau Migraine**!* • *A festa no sábado foi ótima, mas depois todo mundo ficou com dor de cabeça. // Com certeza foi por causa do vinho barato!*

Chaya *sf.*
GOSTOSA, GATONA

—*Die **Chaya** ist ja echt scharf! // Nee, zu doll aufgebretzelt!* • *Essa mulher é uma gostosa. // Que nada, está emperiquitada demais!*

checken *v.*
1 PASSAR, DAR, ALCANÇAR

—***Checkst** du mal eben die Pulle rüber? // Klar doch!* • *Pode me passar essa garrafa? // Claro!*

2 ENTENDER, SACAR

—*Der hat bei mir mal wieder alles abgekupfert. // Typisch, der **checkt** überhaupt nix.* • *Copiou tudo de mim outra vez. // Lógico, ele não entende nada.*

Checker/in *s.*
1 FERA, GÊNIO

—*Sebastian ist echt ein **Checker**, den kannst du alles fragen. // Ja, selbst Physik rallt er!* • *Sebastian é um gênio, pode perguntar o que quiser a ele. // Sim, ele sabe até de física!*

2 AMIGO, CHAPA

—*Hey **Checker**, was geht?* • *E aí, amigo, o que é que tá pegando?*

chillaxen *v.*
FICAR DE BOA, PREGUIÇAR, FICAR JOGADO SEM FAZER NADA

—*Sonntag haben wir mal so richtig **chillaxt**. Nur vor der Glotze abgehangen und Chips gefuttert!* • *No domingo, ficamos jogados sem fazer nada, só vendo TV e comendo batata frita.*

chillen *v.*
RELAXAR, DESCANSAR, FICAR DE BOA

—*Genug gebüffelt. Komm, wir* **chillen** *jetzt ein bisschen!* • Chega de estudar. Vamos ficar de boa um pouco!

Chiller *sm.*
SUPERTRANQUILO, DE BOA, SUSSA

—*Mit Jannis bockt es echt! Er ist voll der* **Chiller***, den bringt nix aus der Ruhe!* • Adoro estar com Jannis! Ele é super de boa, não se estressa com nada.

chillig *adj.*
TRANQUILO, SUSSA

—*Voll* **chillig** *die Mucke. Da kannste nebenbei noch gut quatschen.* • Que música tranquila! Nem atrapalha para conversar.

Chuck Norris *loc.*
HABILIDOSO

—*Micky ist echt* **Chuck Norris***. Der kann einfach alles.* • Micky é muito habilidoso. Sabe fazer de tudo.

Compi *sm.*
COMPUTADOR, PC

—*Das hat mir grade noch gefehlt, dass dieser Scheiß-***Compi** *abstürzt.* // *Hast du denn wenigstens eine Sicherheitskopie von deiner Arbeit?* • Era só o que me faltava, que este PC de merda travasse. // Você não tem um backup do seu trabalho?

cool *adj.*
1 CALMA, NÃO SE PREOCUPE; FIQUE FRIO

—*Bleib* **cool***, Mann. Du kannst sowieso nichts dran ändern!* • Fique frio, cara! Não há nada que você possa fazer.

2 DEMAIS, FODA MUITO BOM

—*Das Eis in diesem Laden ist echt* **cool***! Ich komm da jeden Tag her!* • O sorvete desta sorveteria é muito bom! Venho aqui todos os dias!

Outros adjetivos parecidos são: chilling, cremig, geschmeidig, gelassen, knorke, lässig, fett, phat, locker, korall, galaktisch, gigantisch, irre, jacklässig etc.

copypasten *v.*
COPIAR E COLAR, CTRL+C/CTRL+V

—*Für die Englischaufgaben habe ich keine Zeit mehr, ich* **copypaste** *einfach was aus dem Internet und das reicht.* • Não dá mais tempo de fazer o trabalho de inglês. Vou dar um CTRL+C/CTRL+V com o que encontrar na internet e ver no que dá.

WIE VIEL MÜSSEN WIR DENN BLECHEN? // ÜBER DEN DAUMEN GEPEILT SIND'S 80 € FUR JEDEN! • QUANTO TEMOS QUE PAGAR? // ASSIM, NO OLHÔMETRO, ACHO QUE UNS 80 € POR CABEÇA

Dachschaden *sm.*
einen Dachschaden haben *loc.*
SER XAROPE, MEIO MALUCO, PIRADO

—*Pit hat mich letzte Woche vielleicht zur Sau gemacht! // Mach dir nichts draus, der **hat** sowieso 'nen leichten **Dachschaden**!* • *Semana passada Pit me deixou arrasada. // Não leve a mal, você sabe que ele é meio xarope.*

daddeln *v.*
1 JOGAR *VIDEO GAME* (DE QUALQUER TIPO)

—*Ich hab ein neues Spiel. Bock ein bisschen zu **daddeln**?* • *Peguei um* video game *novo. Tá a fim de jogar?*

2 BATER PUNHETA, BATER UMA BRONHA, MASTURBAR-SE

—*Frank war das vielleicht peinlich. Seine Mutter hat ihn erwischt, als er sich einen **gedaddelt hat**.* • *Que vergonha pro Frank! Sua mãe o pegou batendo punheta.*

Damn! *interj., do ing.*
CARALHO! CARACA!

Como é habitual no alemão, tudo o que "tomamos emprestado" de outros idiomas (do inglês, do francês etc.) é pronunciado como na língua original.

—*Pass auf, da kommen die Bullen! // **Damn**!* • *Fique de olho, a polícia vem aí! // Caralho!*

Dampf ablassen *loc.*
DESABAFAR

—*Nach der versägten Mathearbeit musste ich erstmal **Dampf ablassen**! Jetzt geht's wieder viel besser!* • *Depois de ir tão mal na prova de matemática, tive que desabafar. Agora estou bem melhor.*

Datenzäpfchen *sn.*
PEN DRIVE (*lit.* SUPOSITÓRIO DE DADOS)

—*Rück mal dein **Datenzäpfchen** rüber, ich geb mir mal eben diese coole Mucke auf meinen PC!* • *Me passe o* pen drive, *vou copiar esta música legal no meu* PC!

Daumen *sf.*
1 jdm die Daumen drücken/halten *loc.*
DESEJAR BOA SORTE, CRUZAR OS DEDOS

—*Nächste Woche hab ich meine Abschlussprüfung.* // *Ich **drück** dir die **Daumen**, dass alles hinhaut!* • *Semana que vem, faço meu último exame.* // *Boa sorte!*

2 über den Daumen peilen *loc.*
CALCULAR A OLHO, NO OLHÔMETRO

—*Wie viel müssen wir denn blechen?* // ***Über den Daumen gepeilt** sind's 80 € für jeden!* • *Quanto temos que pagar?* // *Assim, no olhômetro, acho que uns 80 € por cabeça.*

Denkzettel *sm.*
jdm einen Denkzettel verpassen *loc.*
DAR UMA LIÇÃO EM ALGUÉM

—*Dem haben sie **einen** gehörigen **Denkzettel verpasst**. Das wird er so schnell nicht wieder machen!* • *Deram uma boa lição nele. Da próxima vez, vai pensar duas vezes!*

derb, derbe *adj.*
FORTE, PESADO

—*Voll **derb**, das mit Karina. Hätte ich nie von ihr gedacht!* • *Que pesado esse lance da Karina! Nunca teria imaginado isso dela.*

Digga, Diggah, Digger *sm.*
CARA, MANO, AMIGO, PARÇA (pronúncia meio descuidada da palavra **Dicker**, "gordo")

—*Ey **Digga**, lass uns 'ne Runde Billard spielen!* • *E aí, cara, vamos jogar bilhar?*

TAMBÉM PODEMOS DIZER ATZE

Ding *sn.*
1 ein dickes Ding *loc.*
MANCADA

—*Ich fass es nicht, dass die ihre Alten beklaut hat. Das ist echt **ein dickes Ding**!* • *Não acredito que ela roubou os pais. Que mancada!*

2 ein Ding drehen *loc.*
METER-SE EM NEGÓCIOS OBSCUROS, DAR UM GOLPE

—*Boris hat ja diese verdammten Schulden wegen dem Unfall. Und jetzt will er auch noch so **ein Ding drehen**.* • *Boris está cheio dessas malditas dívidas por causa do acidente. E agora ainda quer dar um golpe.*

3 kein Ding *loc.*
DE NADA, IMAGINE

—*Echt super, das ist richtig fett von dir.* // ***Kein Ding**, Mann!* • *Que legal, é muito gentil da sua parte.* // *Imagine, cara!*

4 PAU, ROLA, PÊNIS

—*Was fummelst du denn da die ganze Zeit an deinem **Ding** rum? Denkst wohl, das kriegt niemand mit!* • *Pare de mexer no pau o tempo todo! Acha que ninguém percebe?*

Dingsbums, Dingsda *sm. ou sn. ou sf.*

1 TROÇO, NEGÓCIO, COISA

—*Schmeiß mal eben dieses **Dingsda** rüber!* • *Me passe esse negócio aí!*

Disse *sf.*

BALADA

—*Freitags spielen sie in dieser **Disse** echt gute Mucke.* • *Às sextas sempre toca música boa nesta balada.*

dissen *v.*

1 ENCHER O SACO, PENTELHAR, IRRITAR

—*Bleib cremig! War keine Absicht, dich zu **dissen**!* • *Calma, cara! Não era minha intenção te irritar.*

2 ESTAR BRIGADO/ PUTO COM ALGUÉM

—*Die beiden **dissen** sich seit ihrem letzten Streit auf der Arbeit.* • *Esses dois estão brigados desde que discutiram no trabalho.*

Döneria *sf.*

KEBABERIA, LANCHONETE OU RESTAURANTE ESPECIALIZADO EM *KEBABS*

—*Lass uns mal was aus der **Döneria** holen. Mir knurrt schon der Magen.* • *Vamos à kebaberia pegar alguma coisa para comer. Meu estômago está roncando.*

drauf sein *loc.*

1 ESTAR VIAJANDO, CHAPADO, DOIDÃO, FUMADO

—*Was hat Celine denn genommen? Die **ist** ja total **drauf**.* • *O que foi que Celine tomou? // Está completamente chapada...*

2 ESTAR DE MAU HUMOR, MAL-HUMORADO, DE CARA AMARRADA

—*Wie **bist** du denn **drauf**? Was ist dir denn für 'ne Laus über die Leber gelaufen?* • *Por que você está tão mal-humorado? Que bicho te mordeu?*

Drecksau *sf.*

FILHO DA MÃE

—*Die **Drecksau** schuldet mir noch einen Hunny.* • *O filho da mãe ainda me deve dinheiro.*

Para os homens também utilizamos **Drecksack** *sm.* e **Drecksterl** *sm.*

Dröhnung *sf.*
VIAGEM (POR DROGAS)

—*Was für eine **Dröhnung** gestern. Wir waren sowas von stoned!* • *Que viagem ontem! Estávamos tão chapados!*

Dünnpfiff, Dünnschiss *sm.*
CAGANEIRA, PIRIRI

—*Wie war's in der Türkei, Alter? // Außer einer Woche mit **Dünnschiss** echt dufte!* • *Como foi na Turquia, cara? // Demais, mas fiquei a semana toda com caganeira.*

Durchblick *sm.*
den Durchblick haben *loc.*
ENTENDER/SACAR TUDO DE PRIMEIRA, DE CARA, COM FACILIDADE

—*Die **hat** voll **den Durchblick**.* • *Ela saca tudo de cara.*

Durchhänger *sm.*
einen Durchhänger haben *loc.*
ESTAR DEPRÊ, DEPRIMIDO, PARA BAIXO, DE BAIXO ASTRAL

—*Heut ist nix los mit mir. Ich hab den totalen **Durchhänger**!* • *Não sei o que tenho hoje. Estou totalmente deprê.*

durchkneten *v.*
(*lit.* AMASSAR)
BATER, SURRAR, DAR UMA SURRA

—*Als diese Faschos ins Zentrum kamen, da wurden sie von den Punks aber so richtig **durchgeknetet**. Die lassen sich da so schnell nicht mehr blicken.* • *Quando os fachos foram ao centro, levaram uma bela surra dos punks. Tenho certeza de que não voltarão lá tão cedo.*

durch sein *loc.*
ESTAR MALUCO, PIRADO

—*Moni **ist** seit kurzem echt **durch**, die Alte!* • *Moni tá meio pirada ultimamente.*

durchsumpfen *v.*
TRANSAR SEM PARAR

—*Wie siehst du denn aus? // Ich bin fix und alle, wir **haben** die ganze Nacht **durchgesumpft**!* • *Nossa, que cara! // Estou só o pó, transamos a noite toda sem parar.*

Ebbe sein *loc.*
ESTAR SEM UM PUTO, LISO, SEM GRANA

—*Nach dem Urlaub **bin** ich total **Ebbe**.* • Fiquei sem um puto depois das férias.

OUTRAS MANEIRAS DE DIZER QUE ESTAMOS SEM UM PUTO SÃO:
ICH BIN BLANK, ICH BIN PLEITE OU ICH BIN ABGERANNT

Eier *sn. pl.*
OVOS

1 dicke Eier haben *loc.*
ESTAR CHEIO DE TESÃO (*lit.* ESTAR COM OS OVOS INCHADOS)

—*Was ist den mit Benny los? // Der hat schon lang nicht mehr gefickt. Der **hat** total **dicke Eier**!* • O que há com Benny? // Faz muito tempo que não transa e está cheio de tesão.

2 die Eier schaukeln *loc.*
COÇAR O SACO, NÃO FAZER NADA

—*Macht jetzt mal endlich was, anstatt nur **die Eier** zu **schaukeln**!* • Vão fazer alguma coisa em vez de ficar só coçando o saco!

3 jdm auf die Eier gehen *loc.*
ESTAR DE SACO CHEIO DE ALGUÉM

—*Nerv nicht, Alte. Du **gehst** mir so langsam echt **auf die Eier**!* • Não me irrite mais, mina, que estou começando a ficar de saco cheio de você!

4 jdm die Eier polieren *loc.*
DAR UMA SURRA, SURRAR, PEGAR DE PAU

—*Was ist mit André los, warum kommt er nicht mit? // Letzte Woche haben sie ihm in dem Laden ordentlich **die Eier poliert**. Er hat Schiss.* • O que é que há com André, por que ele não veio? // É que na semana passada ele levou uma surra neste bar. Está se cagando de medo.

5 sich um ungelegte Eier kümmern *loc.*
PRECIPITAR-SE, PÔR A CARROÇA NA FRENTE DOS BOIS (*lit.* CUIDAR DOS OVOS AINDA NÃO POSTOS)

—*Was **kümmerst** du **dich um ungelegte Eier**? Wart doch erstmal ab, was passiert!* • *Não ponha a carroça na frente dos bois. Espere primeiro para ver o que vai acontecer.*

6 wie aus dem Ei gepellt *loc.*
IMPECÁVEL, UM BRINCO
—*Weiß auch nicht, wie die das hinkriegt. Die sieht immer aus **wie aus dem Ei gepellt**!* • *Não sei como ela consegue, mas está sempre impecável!*

Eierkneifer *sm. pl.*
SUNGA, SUNGA *SLIP*, CUECA *SLIP*
—*Franky hat so richtig scharfe **Eierkneifer**. // Die sind bestimmt sauunbequem.* • *Franky está com uma cueca slip supersexy. // Deve ser bem desconfortável.*

Eimer *sm.*
im Eimer sein *loc.*

1 IR PRO CARALHO, IR PRO SACO
—*Nach dem 0:10 **ist** unser guter Ruf endgültig **im Eimer**!* • *Depois do 10 a 0, toda nossa fama foi definitivamente pro saco.*

2 ESTAR ACABADO, SÓ O PÓ
—*Was siehst du heut aber abgefuckt aus. // Schieb ab Alter, ich **bin** total **im Eimer**.* • *Nossa, que cara! // Não me encha o saco, não vê que estou só o pó?*

einalken *v.*
COMPRAR BEBIDA (ALCOÓLICA)
—*Habt ihr für die Party schon alles? // **Eingealkt haben** wir schon, den Rest bringt Conny.* • *Já têm tudo pra festa? // Sim, já compramos as bebidas, Conny vai trazer o resto.*

einparken *v.*
TRANSAR COM ALGUÉM
—*Freitag hab ich versucht, bei Katja **einzuparken**. Keine Chance, Alter, da geht nur fummeln!* • *Na sexta tentei transar com a Katja. Mas foi impossível, cara, só deu pra dar uns amassos.*

eintüten *v.*
FURTAR, ROUBAR, AFANAR, PASSAR A MÃO
—*Wo hast'n diese geilen Treter her? // **Hab** ich gestern bei Karstadt **eingetütet**. Haben mich fast erwischt dabei!* • *Onde arranjou esses sapatos legais? // Roubei ontem na loja de departamentos. Quase me pegaram!*

Einwegstopfen *sm.*
ABSORVENTE INTERNO
(*lit.* TAMPÃO DESCARTÁVEL)
—*Scheiße, hab grad meine Erdbeerwoche bekommen! Hast du mal 'nen **Einwegstopfen**?* • *Merda, menstruei! Você tem um absorvente interno?*

Eksy *sm.*, Ecstasy *sn.*
ECSTASY, BALA

—Seitwann vertickt der den **Eksy**? Früher gabs bei dem nur Gras. • Desde quando ele vende bala? Antes era só maconha.

Elch *sm.*
Ich glaub, mich knutscht ein Elch. *loc.*
CARACA! CARALHO! NOSSA! (*lit.* ACHO QUE UM ALCE ESTÁ ME BEIJANDO)

—Maike ist schwanger? **Ich glaub, mich knutscht ein Elch**. • Mariane está grávida? Caralho!

elefantös *adj.*
MASSA, FODA, DEMAIS, FODÁSTICO

—War fett das Konzert, was? // Ja, echt **elefantös**. • Que demais o show ontem, né? // É, foi fodástico.

entkorken *v.*
PERDER O CABAÇO, DESVIRGINAR (*lit.* TIRAR A ROLHA)

—Glaubst du, Nina ist schon **entkorkt**? • Acha que Nina já perdeu o cabaço?

Erdbeerwoche *sf.*
MENSTRUAÇÃO, AQUELES DIAS (*lit.* SEMANA DO MORANGO)

—Zum Glück hab ich heut meine **Erdbeerwoche** gekriegt. Ich war schon fünf Tage drüber. • Ainda bem que minha menstruação veio. Estava cinco dias atrasada.

TAMBÉM USAMOS KETCHUPWOCHE

Erzeugerfraktion *sf.*
PAIS, COROAS

—Kann heut leider nicht. Muss mit der **Erzeugerfraktion** auf 'ne Faltenparty. • Hoje não dá, sinto muito. Tenho que ir a uma festa de família com meus pais.

Eule *sf.*
1 BARANGA, TRIBUFU, MULHER FEIA

—Von dieser **Eule** da kriegt man ja Augenkrebs. • Meus olhos doem só de olhar pra essa baranga.

2 PUTA, PROSTITUTA

—Gestern haben die **Eulen** dafür demonstriert, dass sie als Berufsgruppe anerkannt werden. // Find ich super, schließlich ist es das älteste Gewerbe der Welt. • Ontem as prostitutas protestaram pelo reconhecimento da profissão. // Acho ótimo, afinal de contas, é a profissão mais antiga do mundo.

3 CDF, *NERD*

—Ina hockt nur noch am Schreibtisch und büffelt. Die ist 'ne krasse **Eule** geworden. • Ina passa o dia todo estudando. Virou uma nerd *total*.

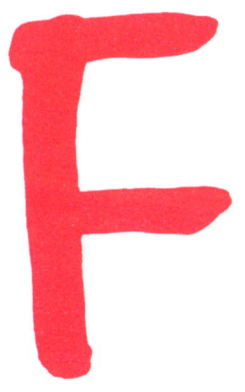

fadisieren (sich) *v. prnl., Áustria*
FICAR ENTEDIADO, DE BODE, BODEAR (*lit.* BODEAR-SE)

—*Mischa meinte, die Party war stinklangweilig.* // *Hör nicht auf den, der **fadisiert sich** doch überall.* • *Mischa disse que a festa foi um pé no saco.* // *Não leve a sério, ele fica de bode em todo lugar.*

Fahrt *sf.*
1 etwas in Fahrt bringen *loc.*
DAR UMA ANIMADA

—*Als Paul eingewechselt wurde, **brachte er** das Spiel **in Fahrt**.* • *Quando Paul entrou, o jogo deu uma animada.*

2 in Fahrt kommen *loc.*
ESQUENTAR, ANIMAR-SE

—*Erst ging's ziemlich schlapp los, aber bei der Mucke **sind** wir dann schnell in **Fahrt gekommen**.* • *No começo, estava bem sem graça, mas, com a música, começou a esquentar.*

Falle *sf.*
sich in die Falle hauen *loc.*
IR DORMIR

—*Nacht Leute, ich **hau mich in die Falle**, ich fall gleich um.* • *Boa noite, gente, vou dormir, porque estou morrendo de sono.*

fappen *v.*
BATER PUNHETA, BATER UMA BRONHA, MASTURBAR-SE

—*Kim musste auch mal wieder **fappen**, seitdem ihm Nora den Laufpass gegeben hat.* • *Kim voltou a bater uma bronha depois que Nora deu um pé na bunda dele.*

Fascho *sm.*
FASCISTA, FACHO

—*Eine halbe Stunde nach Beginn der **Fascho**-Demo sind die von der Antifa aufgetaucht und dann gab's Stress.* • *Meia hora depois que a manifestação dos faschos começou, apareceram os antifachos, e rolou a maior confusão.*

Feger sm.

1 MÁQUINA, CARRO VELOZ (*lit.* VASSOURA. **FEGEN** SIGNIFICA "VARRER")

—*Hast du schon den neusten **Feger** von Pit gesehen? // Echt scharfe Kiste, die macht bestimmt um die 200.* • *Você viu a máquina nova do Pit? // Muito foda. Deve chegar a uns 200 por hora.*

2 GOSTOSA, GATA, MULHERÃO

—*Nadja ist ein echt heisser **Feger**. Schade, dass die schon 'nen Macker hat.* • *Nadja é um mulherão, pena que tem namorado.*

fertig adj.
und fertig ist die Laube, und fertig ist der Lack loc.
PRONTO! ACABOU! RESOLVIDO!

—*Noch zwei Schrauben und **fertig ist die Laube**. So jetzt ist dein Regal endlich aufgebaut.* • *Mais dois parafusos, e pronto! Finalmente sua estante está montada.*

Festplatte löschen loc.
TOMAR UM PORRE, DAR PT (*lit.* APAGAR O DISCO RÍGIDO)

—*Gestern **hab** ich die **Festplatte gelöscht**. Ich kann mich nicht mal mehr dran erinnern, wie ich nach Hause kam.* • *Ontem tomei um porre. Nem lembro como cheguei em casa.*

Fete sf., do fr.
FESTA

—*Geile **Überraschungsfete** gestern. Ich hatte echt keinen Schimmer davon!* • *Que legal a festa surpresa de ontem. Eu nem desconfiei!*

ficken v.
1 TRANSAR, DAR UMAZINHA

—*In dem Film ging's nur ums **Ficken**. Hab dann ziemlich schnell die Biege gemacht.* • *O filme só falava de transar. Por isso, tratei de cair fora.*

O alemão também tem diversas expressões para se referir a esse assunto: **abgrätschen, bumsen, bürsteln, igeln, knallen, nageln, pimpern, poppen, es mit jdm treiben, vögeln** etc.

2 Fick dich! interj.
VÁ SE FODER! VÁ À MERDA! FODA-SE!

—***Fick dich**, du Arsch!* • *Vá se foder, imbecil!*

fickrig sein adj.
1 FICAR NERVOSO, TENSO

—*Katinka hat voll den Durchblick in Mathe und trotzdem **wird** sie vor den Arbeiten immer ganz **fickrig**.* • *Mesmo sabendo tudo de matemática, Katinka fica muito nervosa nas provas.*

2 FICAR COM TESÃO, FICAR EXCITADO

—Wenn ich Marina seh, werd ich immer ganz **fickrig**. Das ist echt 'ne geile Braut. • Quando vejo Marina, fico com tesão. Ela é muito gostosa.

Filme schieben _loc._
1 VIAJAR, VIAJAR NA MAIONESE, IMAGINAR SITUAÇÕES, SONHAR, ILUDIR-SE

—**Schieb** keine **Filme** mit dem, was hätte passieren können und nicht passiert ist. • Não viaje no que poderia ter acontecido e não aconteceu.

2 VIAJAR (DROGAS)

—Beim Konzert haben wir uns Pappen reingeschmissen und alle haben wir echt schräge **Filme geschoben**. • Tomamos LSD no show e viajamos demais.

Filmriss _sm._
DAR UM BRANCO, ESQUECER-SE DE TUDO (_lit._ CORTE DE FILME)

—Am Samstag hatte ich voll den **Filmriss**. Das Letzte, an das ich mich erinnere, ist, dass ich Bröckchen gelacht hab. • No sábado me deu um branco. A última coisa que lembro é de vomitar.

fix und fertig sein _loc._
ESTAR SÓ O PÓ, ESTAR ACABADO, MORTO

—Alter, nach dem Beach-Volley-Spiel **waren** wir vielleicht alle **fix und fertig**. • Depois do jogo de vôlei de praia, estávamos mortos.

TAMBÉM PODEMOS DIZER FIX UND ALLE OU FIX UND FOXI

fixen _v._
DROGAR-SE, INJETAR

—Sag mal, der Jan hängt doch an der Nadel, oder? // Nee, der hat schon vor 'nem halben Jahr mit **Fixen** aufgehört. • Ei, Jan se droga, né? // Não, já faz mais de seis meses que ele não injeta.

flachsen, herumflachsen _v._
BRINCAR, ZOAR

—**Flachs** nicht, das Thema ist mir ernst. • Não brinque, o assunto é muito sério.

Flappe _sf._
eine Flappe ziehen _loc._
FAZER CARA DE CU, CARA DE BUNDA

—Was geht? Was **ziehst** du denn für 'ne **Flappe**? Ist dir 'ne Laus über die Leber gelaufen? • *Que foi? Por que essa cara de bunda? O que deu em você?*

flatratelabern *v.*
MATRAQUEAR, TAGARELAR, FALAR PELOS COTOVELOS (*lit.* FALAR COM TARIFA FIXA)

—*Roger ist seit Stunden schon am **flatratelabern**. Der soll endlich den Mund halten!* • *Faz horas que Roger está matraqueando. Cale a boca, caralho!*

flatrate se pronuncia /flatreit/, como em inglês.

Flatter *sf.*
1 die Flatter kriegen *loc.*
ESTAR UMA PILHA (DE NERVOS), ESTAR NERVOSO

—*Was bin ich fickrig, ich **krieg** voll **die Flatter**. Wär die Prüfung nur schon vorbei!* • *Estou uma pilha. Quem dera a prova já tivesse passado!*

2 die Flatter machen *loc.*
MANDAR-SE, CAIR FORA, DAR O FORA, IR EMBORA

—*Am Ende hatte er die Schnauze voll und **machte die Flatter**!* • *No fim, já estava de saco cheio e se mandou!*

Flattermann *sm.*
1 einen Flattermann haben *loc.*
FICAR NERVOSO, CAGAR-SE TODO

—*Ich mach das jetzt zum Hundertsten, aber ich **hab** jedes Mal wieder 'nen Flattermann!* • *Fiz isso mais de cem vezes, mas me cago todo sempre que tenho que fazer de novo.*

2 INCONSTANTE, NÃO CONFIÁVEL

—*Hein ist ein **Flattermann**. Auf den ist kein Verlass!* • *Henrique é muito inconstante. Não se pode confiar nele.*

flauten *v.*
1 COÇAR O SACO, FICAR DE BOA

—*Und nun können wir ruhig etwas **flauten**. Genug malocht für heute!* • *Bem, agora podemos coçar o saco. Já trabalhamos muito por hoje!*

2 SER UM PÉ NO SACO, SER UM SACO, SER UM TÉDIO

—*Der Vortrag war echt zum **Flauten**.* • *A conferência foi um pé no saco.*

Fliege *sf.*
die Fliege machen *loc.*
MANDAR-SE, IR EMBORA, CAIR FORA, VAZAR

—*Wo ist Kalle? // Der **hat** schon vor 'ner Weile **die Fliege gemacht**.* • *Onde está Kalle? // Caiu fora faz tempo.*

Flinte sf.

1 die Flinte ins Korn werfen loc.
JOGAR A TOALHA, DESISTIR, CHUTAR O BALDE
—*Alte, du wirst doch nicht etwa jetzt **die Flinte ins Korn werfen**. Nach all dem Kampf …* • *Cara, não vá jogar a toalha agora. Você lutou tanto…*

2 PINTO, PAU, ROLA (lit. FUZIL)
—*Mach mal deinen Hosenstall zu, deine **Flinte** guckt raus!* • *Feche o zíper, que a rola está aparecendo!*

Flimmerkasten sm., Flimmerkiste sf.
TEVÊ, TELINHA
—*Heut Abend mach ich nix mehr, außer vor der **Flimmerkiste** abchillen.* • *Hoje à tarde não vou fazer nada de útil, quero relaxar na frente da TV.*

Flippy sm. e sf.
EXTRAVAGANTE, *FREAK*
—*Mit deiner Schwester bockt das richtig fett, voll die **Flippy**!* • *Com sua irmã vai ser demais, ela é uma freak total.*

floppig adj.
CHATO, ENTEDIANTE
—*Der Film war **floppig**. Geh bloss nicht rein!* • *O filme é chato. Nem pense em assistir!*

flott adj.

1 eine flotte Biene, ein flotter Käfer loc.
UMA GOSTOSA, UM MULHERÃO
—*Sara ist 'ne **flotte Biene**!* • *Sara é um mulherão!*

2 einen flotten Dreier loc.
MÉNAGE A TROIS
—*Ich fass es nicht! Tina mit den zwei Typen bei **einem flotten Dreier**!?* • *Não acredito! Tina e aqueles dois caras num ménage a trois!?*

TAMBÉM KIPPE, LUNTE

Fluppe sf.
CIGARRO, BASEADO
—*Hast du mal Feuer? // Wenn du 'ne **Fluppe** für mich hast …* • *Você tem fogo? // Se me der um cigarro…*

Fotze sf.

1 XANA, BUCETA, PERIQUITA, PERSEGUIDA
—*Wusstest du, dass Lady Gaga bei den Brit Awards ihre **Fotze** gezeigt hat? // Nicht im Ernst!* • *Sabia que Lady Gaga mostrou a perseguida no Brit Awards? // Caralho!*

2 FILHA DA PUTA, VADIA, PUTA
—*Die alte **Fotze** nervt ohne Ende, ich könnt sie killen!* • *Essa vadia me dá nos nervos. Eu poderia matá-la!*

3 BICO, BOCA

—*Halt die **Fotze**, Honk!* • *Cale a boca, Honk!*

fresh adj.

FODA, MUITO LEGAL, DEMAIS

—*Fetzige Klamotten, voll **fresh**!* • *Adorei o seu look. É demais.*

fressen v.

1 einen Narren gefressen haben loc.

ESTAR BOBO, APAIXONADO, BABAR POR ALGUÉM

—*An dem Baby von Uli **haben** alle **einen Narren gefressen**. Ich find's aber ziemlich bratzig.* • *Estão todos babando pelo bebê do Uli, mas eu achei ele bem feinho.*

2 etwas gefressen haben loc.

ENGOLIR (O QUE OS OUTROS DIZEM), ACREDITAR

—*Karen wollte mit zum Zelten kommen, aber wir haben gesagt, dass wir superbeschäftigt sind und das Ganze abgeblasen haben. Die Alte **hat's** nicht nur **gefressen**, sondern hat sogar noch angeboten, uns zu helfen!* • *Karen queria acampar conosco, mas dissemos que estávamos enrolados, e que tínhamos cancelado o rolê. E ela não só engoliu isso, como se ofereceu pra ajudar a gente!*

3 jdn zum Fressen gern haben loc.

IR COM A CARA, GOSTAR

—*Mario ist voll bärig. Ich hab ihn zum **Fressen** gern!* • *Mario é uma graça. Vou com a cara dele!*

Fresskick, Fressanfall sm.

LARICA

—*Nach dem Volleyball hatte ich voll den **Fresskick**. Hab den ganzen Kühlschrank leergemacht.* • *Depois do jogo de vôlei, me deu uma larica. Esvaziei toda a geladeira.*

froggy adj.

ALEGRE, DIVERTIDO, DESCONTRAÍDO

—*Auf der Klassenfete war echt 'ne **froggy** Stimmung.* • *Na festa da classe, o ambiente era bem descontraído.*

Frosch sm.
einen Frosch im Hals haben loc.

ESTAR ROUCO, SEM VOZ (lit. TER UM SAPO NA GARGANTA)

—*Beim Referat gestern brachte ich zuerst keinen Ton raus. // Passiert mir auch oft, dann hab ich erstmal **'nen Frosch im Hals**.* • *Ontem quase não consegui começar a apresentação. // Comigo isso também acontece bastante. No começo, fico sem voz.*

Fummelbunker *sm.*
BALADA (*lit. BUNKER DA PEGAÇÃO*)

—*Seitdem in dem **Fummelbunker** ein neuer DJ auflegt, ist es dort zum Brüllen voll.* • Desde que trocaram o DJ, a balada está sempre lotada.

funzen *v.*
TRAVAR, DAR PAU

—***Funzt** dein Compi wieder? // Nee, der ist endgültig abgestürzt.* • Seu PC está travando de novo? // Não, acho que morreu de vez.

Furz *sm.*
einen Furz gefrühstückt haben *loc.*
ESTAR DE MAU HUMOR, COM CARA DE QUEM COMEU E NÃO GOSTOU (*lit. COMER UM PEIDO NO CAFÉ DA MANHÃ*)

—*Wie bist du denn drauf? **Hast** wohl 'nen **Furz gefrühstückt**!?* • O que você tem? Está com cara de quem comeu e não gostou.

Fuß *sm.*
1 die Füße in die Hand nehmen, die Füße unter den Arm klemmen *loc.*
SAIR VOANDO, COM PRESSA, DESESPERADO

—*Scheiße, schon drei Uhr. Jetzt muss ich **die Füße untern Arm klemmen**.* • Merda, já são três horas. Vou sair voando.

2 kalte Füße haben, kalte Füße kriegen *loc.*
ACOVARDAR-SE, AMARELAR, DAR PARA TRÁS

—*Am Samstag wollten wir Fallschirmspringen gehen, aber am Ende **habe** ich **kalte Füße gekriegt** und gekniffen.* • No sábado fomos pular de paraquedas, mas no fim amarelei e não pulei.

Para as duas acepções também podemos dizer **Flosse** *f.* em vez de **Füße**.

Fusel *sm.*
VINHO BARATO, BEBIDA RUIM

—*Von diesem billigen **Fusel** hier kriegen wir nur Schädelficken. Lass uns was anderes bestellen!* • Com este vinho barato, a única coisa que vamos conseguir é uma puta dor de cabeça. Vamos pedir outra coisa!

futsch *adv.*
IR PRO CARALHO, PRO SACO

—*Mein Computer ist hängen geblieben! Die ganze Arbeit ... alles **futsch**.* • Meu computador morreu! Todo o trabalho... foi pro saco.

Fuzzi *sm.*
TONTO, TROUXA

—*Was will denn der **Fuzzi** von deiner Schwester. Der soll verduften!* • O que esse tonto quer com sua irmã? Ele tem que dar o fora!

gaga *adj.*
MALUCO, DOIDO, PIRADO

—*Hast du Leyla schon gesprochen? Die läuft jetzt voll **gaga** rum!* • Você já falou com a Leyla? Está completamente maluca!

Gammelfleisch-party *sf.*
FESTA CARETA

—*Das war vielleicht ein Flopp. Die reinste **Gammelfleischparty**!* • Que tédio. A verdadeira festa careta!

> Procede do verbo **gammeln**, que referente aos alimentos significa "passar" ou "apodrecer". Na Alemanha houve uma série de escândalos em 2005 relativos à comercialização de carne podre que havia sido declarada própria para consumo.

gammeln *v.*
COÇAR O SACO, FICAR DE BOA, À TOA

—*Ihr seid nur am **Gammeln**. Wird Zeit, dass ihr mal was losmacht!* • Vocês ficam coçando o saco o dia todo. Já está mais do que na hora de começarem a fazer alguma coisa!

gamsig *adj., Áustria*
COM TESÃO, EXCITADO

—*Was bin ich **gamsig**, Alter. Hab richtig dicke Eier!* • Estou com muito tesão, cara. Minhas bolas vão explodir!

Gas geben *loc.*
1 ACELERAR, DAR UM GÁS

—*Los, **gib Gas**, sonst juckeln wir noch ewig hinter dem Lahmarsch her!* • Ande, acelere aí, senão vamos ficar o tempo todo atrás desse lerdo!

2 FICAR ESPERTO, ACORDAR, MEXER-SE

—*Wenn du Chemie noch schaffen willst, musst du so langsam mal **Gas geben**!* • Se quiser passar em química, vai ter que ficar esperto!

gebacken *p. de backen* nichts gebacken kriegen *loc.*

SER UM INÚTIL, UM DESASTRE, NÃO PRESTAR PARA NADA

—*Tom **kriegt** überhaupt **nichts gebacken**.* • *Tom é um inútil.*

geben *v.*
1 Das gibt's doch gar nicht! *loc.*
NÃO ACREDITO! TÔ BEGE! NÃO PODE SER! NÃO PODE ESTAR FALANDO SÉRIO!

—*Inga hat 'nen Braten in der Röhre! // Was? **Das gibt's doch gar nicht!*** • *Inga está grávida! // O quê? Não acredito!*

2 sich etwas geben *loc.*
FAZER (ALGUMA COISA), ENTREGAR-SE (A ALGUMA ATIVIDADE)

—***Geben** wir **uns** den Film noch? // Bin zu müde, ich hau mich gleich in die Falle!* • *Ainda vamos ver um filme? // Estou cansado demais, vou direto pra cama.*

3 sich etwas geben *loc.*
BEBER ALGUMA COISA

—*Komm, **geben** wir **uns** noch ein Bier, Alte!* • *Ande, vamos beber outra cerveja!*

4 Was gibts? *loc.*
E AÍ? COMO ESTÃO AS COISAS?

—***Was gibts?** // Alles paletti!* • *E aí? // Beleza!*

gebongt sein *loc.*
OK, FALOU, LEGAL, COMBINADO, FEITO, FECHADO

—*Morgen fünf Uhr Eiscafé? // **Gebongt**!* • *Amanhã às cinco na sorveteria? // Falou!*

gediegen *adj.*
LEGAL, DEMAIS, DO CARALHO

—*Wie lief die Arbeit? // Voll **gediegen**!* • *Como foi a prova? // Do caralho!*

TAMBÉM DIZEMOS ASTREIN

Gedöns *sn.*
1 Gedöns machen *loc.*
ESQUENTAR A CABEÇA

—***Mach** nicht so viel **Gedöns** drum, das klappt schon!* • *Não esquente tanto a cabeça, vai dar tudo certo!*

2 JOIAS, BIJUTERIAS

—*Meinst du, das **Gedöns** von der Alten ist echt?* • *Acha que as joias da velha são verdadeiras?*

Geier *sm.*
1 Hol's der Geier! *loc.*
PUTA QUE PARIU! VÁ SE DANAR! ESSA NÃO! (lit. QUE O ABUTRE O LEVE)

—***Hol's der Geier**, jetzt muss ich schon wieder am Wochenende schuften!* • *Puta que pariu! Tenho que trabalhar no fim de semana de novo!*

2 FOLGADO, APROVEITADOR

—Der **Geier** soll sich selber mal Fluppen kaufen, von mir bekommt der keine mehr! • Ele que compre seus cigarros, não vou dar mais nenhum pra esse folgado!

3 Weiß der Geier! *loc.*
NÃO FAÇO IDEIA, NÃO TENHO A MÍNIMA IDEIA

—Kommt Ingo zum Fussball? // **Weiß der Geier!** • Ingo vem pro futebol? // Não tenho a mínima ideia!

geflashed *p., do ing.*
IMPRESSIONADO

> Geflashed é a palavra flashed (em inglês) vertida para o alemão, com acréscimo do prefixo padrão do particípio, **ge-**.

—Das Stück **hat** uns total **geflashed**. • A peça nos deixou totalmente impressionados.

geigen *v.*
jdm die Meinung geigen *loc.*
DAR UM ESPORRO, ENQUADRAR, CHAMAR NA CHINCHA

—Mir ist gestern der Kragen geplatzt und dann **hab** ich ihm ordentlich die **Meinung gegeigt**. • Ontem não aguentei mais e dei um esporro nele.

geil *adj.*
1 LEGAL, FODA

—Echt **geile** Jacke! • Que jaqueta legal!

> Com o mesmo nível de entusiasmo também podemos usar os adjetivos **arschgeil**, **granate**, **Hammer**, **krass**, **nice** como sinônimos.

2 auf jdn geil sein *loc.*
ESTAR EXCITADO (sexualmente) POR ALGUÉM, FICAR COM TESÃO

—Carl ist echt 'n scharfer Macker. Ich **bin** voll **geil auf** ihm! • Carl é uma delícia. Ele me deixa com tesão.

Geist
1 im Geist *loc.*
ESTAR COM A CABEÇA LONGE, NO MUNDO DA LUA, BRISAR

—Ich hab die Arbeit voll in den Sand gesetzt, weil ich **im Geist** schon auf Teneriffa war. • Fui mal na prova, porque estava com a cabeça longe (em Tenerife).

2 jdm auf den Geist gehen *loc.*
ENCHER O SACO, PENTELHAR, ENROLAR

—Schluss mit dem Gelaber! **Geh** mir nicht **auf den Geist**! • Chega de enrolação! Não me encha mais o saco!

geistig unbewaffnet loc., irôn.
LESO, MEIO BOBO, SEM NADA NA CABEÇA

—*Geiler Typ, aber **geistig** leider total **unbewaffnet**!* • *Ele é gostoso, pena que não tenha nada na cabeça!*

TAMBÉM PODEMOS DIZER INTELLIGENZALLERGIKER, NICHTSRALLER/IN

Gelaber sn.
TAGARELICE, LENGA-LENGA, ENROLAÇÃO

—*Das **Gelaber** geht mir auf die Eier!* • *Estou de saco cheio da sua tagarelice!*

Gemauschel sn.
FOFOCA

—*Die zwei hören den ganzen Tag nicht auf mit ihrem **Gemauschel**.* • *Essas duas passam o dia todo fazendo fofoca.*

Gerät sn.
1 PINTO, PAU, ROLA

—*Pack dein **Gerät** wieder ein. Mit mir läuft nix!* • *Pode guardar seu pau. Comigo não vai rolar nada!*

2 GOSTOSA, MULHERÃO

—*Guck mal, bei dem **Gerät** da würd ich jetzt gern landen!* • *Veja que gostosa. Bem que eu gostaria de transar com uma mulher dessas.*

Geschoss sn.
GOSTOSA, MULHERÃO (*lit.* BALA, PROJÉTIL)

—*Was für 'n **Geschoss**. Die würd ich gern mal pimpern.* • *Que gostosa! Essa eu comeria.*

gigantisch adj.
FODA, DEMAIS, MASSA

—***Gigantisch** diese Empanadas.* • *Estas empanadas estão demais.*

Glatteis sn.
jdn aufs Glatteis führen loc.
CONFUNDIR, ATRAPALHAR ALGUÉM

—*Der Quizmaster hat die Kandidatin mit seinen Fragen ganz schön **aufs Glatteis geführt**.* • *O apresentador do concurso deixou a candidata totalmente confusa com suas perguntas.*

Glocken sf. pl.
PEITOS, TETAS (*lit.* SINOS)

—*Die **Glocken** von Betty sind unschlagbar.* • *Os peitos da Betty são insuperáveis.*

göbeln v.
VOMITAR, PÔR TUDO PARA FORA

—*Fang bloß nicht an zu **göbeln**, bevor ich den Eimer geholt hab.* • *Não vomite enquanto eu não trouxer o balde.*

Göre *sf.*
PIRRALHO, FEDELHO, CRIANÇA

—*Die **Gören** von den Nachbarn flippen schon wieder. Unmöglich zu lernen, bei diesem Radau!* • *Os pirralhos dos vizinhos estão fazendo farra de novo. Com tanto barulho, não dá pra estudar!*

Gorilla *sm.*
LEÃO DE CHÁCARA, SEGURANÇA

—*Meinst du, wir kommen heut für umme rein? // Unmöglich, der **Gorilla** an der Tür hat alles voll im Blick!* • *Acha que vamos conseguir entrar de graça hoje? // Impossível, o leão de chácara tá ligado.*

Greiftrupp *sm.*
TROPA DE CHOQUE

—*Am Ende hat der **Greiftrupp** die ganze Demo aufgemischt.* • *No fim, a tropa de choque bagunçou toda a manifestação.*

Grünschnabel *sm.*
FEDELHO, PIRRALHO, MOLEQUE

—*Was willste denn mit dem **Grünschnabel**!? Du könntest seine Mutter sein.* • *O que quer com esse pirralho?! Você poderia ser mãe dele.*

Grünzeug *sn.*
1 VERDURA

—*Sie hat uns gestern schon wieder in so 'nen Vega-Schuppen geschleppt. Mir wird noch schlecht von dem ganzen **Grünzeug**.* • *Ontem ele nos levou de novo a um restaurante vegetariano. Vou acabar passando mal de tanto comer verdura.*

2 MOLEQUE, PIRRALHO, FEDELHO

—*In den Zappelbunker geh ich nicht mehr. Da wimmelt's nur so von **Grünzeug**.* • *Não vou mais a essa balada. Lá só enche de pirralho.*

Gummi *sm. ou sn.*
CAMISINHA

—*Ohne **Gummi** läuft bei mir gar nix. // Denkste bei mir etwa?* • *Comigo não rola nada sem camisinha. // E você acha que comigo rola alguma coisa?*

TAMBÉM PARISER

Gurke *sf.*
1 LATA-VELHA, CARRO VELHO

—*Pete hat sich die **Gurke** von seiner Alten ausgeliehen und wir sind auf der Autobahn liegen geblieben.* • *Pete pegou emprestada dos pais aquela lata-velha que nos deixou na mão no meio da estrada.*

2 PAU, ROLA, PINTO (*lit.* PEPINO)

—*Deine **Gurke** könnste auch mal wieder waschen, du Sau!* • *Você poderia lavar o pinto, seu porco!*

H

Haar sn.
1 jdm aufs Haar gleichen loc.
SER IGUALZINHO; CARA DE UM, FOCINHO DO OUTRO

—*Ich kann die beiden kaum unterscheiden. Die gleichen sich **aufs Haar**. // Kein Wunder, sind ja Zwillinge.* • *É impossível diferenciá-los. Cara de um, focinho do outro. // Claro, são gêmeos.*

2 Haare auf den Zähnen haben loc.
SER DESTEMIDA, FIRME, CORAJOSA

—*Angela lässt sich nichts sagen. Die **hat Haare auf den Zähnen**!* • *Angela não se deixa mandar. É uma mulher destemida!*

3 sich in die Haare kriegen loc.
BRIGAR, PEGAR-SE PELOS CABELOS

—*Müsst ihr **euch** immer **in die Haare kriegen**? Euer Rumgezicke geht mir so langsam auf den Geist.* • *Vocês sempre têm que brigar desse jeito? Estou de saco cheio disso.*

Hacken sm. pl.
etwas an den Hacken haben loc.
ESTAR MUITO ENROLADO, ATRAPALHADO, CHEIO DE COISAS PARA FAZER

—*Kommst du morgen mit ins Konzert? // Nee, ich **hab zuviel an den Hacken** im Moment.* • *Você vai comigo ao show amanhã? // Não posso, estou muito enrolado.*

Hackfresse sf.
BARANGA, TRIBUFU

—*Was hast du denn da für 'ne **Hackfresse** angeschleppt?* • *Que baranga que você trouxe, cara!*

Hadde lan! interj.
Expressão procedente do turco que significa "tchau", "adeus", "até logo".

—***Hadde lan!** // Hau rein, Alter!* • *Tchau! // Até logo, velho!*

Häh? *interj.*
HEIN? COMO É? ÃHN? QUE PORRA É ESSA?

—*Hypothenusenquadrat ist gleich Kathetenquadrat plus Kathetenquadrat.* // **Häh???**
• A soma dos quadrados dos catetos é igual ao quadrado da hipotenusa. // Ãhn?

Hammer *sm.*
das ist der Hammer *loc.*
NOSSA! CARACA! CARALHO!

—*Schon gehört? Nobby hat Chris wegen Nadine sitzen lassen.* // *Was?* **Das ist** *ja* **der Hammer!**
• Soube da nova? Nobby terminou com a Chris por causa da Nadine. // O quê? Nossa!

> Às vezes também é usado no sentido de "isso é o cúmulo".

Hänger *sm.*
einen Hänger haben *loc.*
ESTAR DESANIMADO, DE BODE

—*Was geht? Disco oder was?* // *Keinen Bock,* **hab** *grad 'nen totalen* **Hänger!**
• E aí? Vamos à balada? // Não, dispenso, estou superdesanimado!

hartzen *v.*
FICAR À TOA, SEM FAZER NADA

—*Die* **hartzen** *auch nur noch im Café rum. Wenn die mal ihr Abi schaffen!* • Passam o dia todo à toa no bar. Assim não vão passar no vestibular!

> Surgida durante os anos da crise financeira, a palavra procede de **Hartz** IV, um subsídio ao desemprego de longa duração, e implica não fazer nada produtivo.

harzen *v.*
FUMAR UM BASEADO

—*Lass uns mal wieder einen* **harzen**. • Vamos fumar um baseado?

Hase *sm.*
wissen, wo der Hase langläuft *loc.*
SABER ONDE A COISA VAI DAR, O QUE ROLA

—*Maul! Ich* **weiß** *schon* **wo der Hase langläuft!** • Cale a boca! Eu sei o que está rolando aqui!

Hässling, Hässlon *sm.*
FILHOTE DE CRUZ-CREDO, HORROROSO

—*Özil ist ein* **Hässling**. // *Nee, ich find ihn süß!* • Özil é horroroso. // Não, eu acho ele uma graça!

haten *v. do ing.* to hate
FALAR MAL, CRITICAR

—*Vergiss den Typ, der ist nur am* **Haten**. • Esqueça esse cara aí, ele passa o dia todo falando mal de tudo e de todos.

TAMBÉM DIZEMOS NÖRGELN OU ALLES SCHLECHTMACHEN

Haut *sf.*
1 unter die Haut gehen *loc.*
COMOVER, MEXER COM ALGUÉM

—*Die Doku ist echt fett. Die Bilder gehen richtig unter die Haut.*
• *O documentário é foda. As cenas mexem de verdade com a gente.*

2 Haut schon! *loc.*
TUDO EM ORDEM! TUDO CERTO!

—*Alles paletti? // Haut schon!*
• *Tudo bem? // Tudo em ordem!*

TAMBÉM PODEMOS DIZER GEHT SCHON OU PASST SCHON

Hau rein! *loc.*
TCHAU, ATÉ MAIS

—*Ich hau ab hier! // Hau rein, Alte!* • *Estou indo! // Até mais, cara!*

Heini *sm.*
BOBO, BOCÓ (somente para crianças)

—*Hey du Heini, lass mich in Ruhe!* • *Ei, seu bocó, me deixe em paz!*

Em ordem crescente de agressividade também podemos dizer **bekloppt** *adj.*, **Lauch** *sm.* (lit. alho-poró), **Quatschkopf** *sm.*, ou **unterbelichtet** *adj.*

Herrenhandtasche *sf.*, Herrenhandtäschchen (6-Pack Bier) *sn.*
ENGRADADO, CAIXA DE CERVEJA (*lit.* BOLSA MASCULINA)

—*Marie hat zwei Herrenhandtäschchen besorgt. // Das reicht doch nie für die ganze Meute!* • *Marie trouxe dois engradados de cerveja. // Não é suficiente pro tanto de gente que veio!*

Heulsuse *sf.*
CHORÃO, CHEIO DE MIMIMI

—*Mourinho ist vielleicht eine Heulsuse!* • *Mourinho é cheio de mimimi!*

hinfläzen (sich) *v. prnl.*
ESPARRAMAR-SE, SENTAR-SE, DEITAR-SE DE QUALQUER JEITO

—*Fläz dich nicht immer so hin. Kannst du nicht mal richtig sitzen?* • *Não se esparrame desse jeito. Você não consegue se sentar direito?*

hinschmeißen (etwas) *v.*
ABANDONAR, LARGAR, DESISTIR (DE ALGO)

—*Warum hast du denn den Job hingeschmissen? Der war doch cool.* // *Hatte keinen Bock mehr!*
• *Por que você largou o trampo? Era tão legal.* // *Eu já estava farto!*

hinterfotzig *adj.*
FILHO DA MÃE, MAU CARÁTER

—*Trau der bloss nicht übern Weg, die ist total hinterfotzig.*
• *Não confie nele, é um verdadeiro filho da mãe!*

Hintern *sm.*
1 Hummeln/Pfeffer im/unterm Hintern haben *loc.*
SER HIPERATIVO, INQUIETO (*lit.* TER VESPAS/PIMENTA NO CU)

—*Kannst du nicht mal stillsitzen? Hast wohl Hummeln unterm Hintern?* • *Não consegue sentar quieto? Você é hiperativo!*

2 mit dem Hintern nicht aus dem Bett kommen *loc.*
NÃO SAIR DA CAMA, ENROLAR PARA LEVANTAR

—*Jetzt ist schon zwölf Uhr und der ist mit dem Hintern immer noch nicht aus dem Bett gekommen!*
• *Já é meio-dia e ele ainda não saiu da cama!*

3 sich auf den Hintern setzen *loc.*
ESTUDAR, RALAR, DEDICAR-SE

—*Wenn du dich so langsam nicht mal auf den Hintern setzt, bleibst du noch sitzen dieses Jahr!*
• *Se não começar a ralar, ainda vai repetir de ano!*

hin und weg *loc.*
FICAR ALUCINADO, PIRAR

—*Dein Film ist echt gut geworden, ich bin hin und weg.* • *Seu filme ficou incrível, estou alucinado.*

hochessen *v.*
PÔR TUDO PRA FORA, VOMITAR

—*Von der Sahnesoße wurd mir richtig kotzig. Musste ich erstmal hochessen.* • *O molho de creme de leite me deixou enjoado. Tive que pôr tudo pra fora.*

> Outras maneiras de se referir a esse ato tão desagradável são **gröbeln, reihern, rückwerts** (essen), **ulfen** ou **Würfelhusten haben.**

Hocker *sm.*
jdn vom Hocker hauen, jdn vom Hocker reißen *loc.*
NÃO CURTIR, NÃO GOSTAR

—*Der Laden hier reißt mich nicht vom Hocker. Lass uns abzischen!*
• *Não curti nem um pouco esta balada. Vamos cair fora!*

Höhlenforscher/in s.
GINECOLOGISTA

—Meine **Höhlenforscherin** ist echt fetzig. • Minha ginecologista é ótima.

Homie sm.
CARA, MEU, MANO

—Hau rein, **Homie**! // Tschüss, Atze! • Tchau, cara! // Até logo, meu!

Honk sm.
IDIOTA, IMBECIL

—Der Zappelbunker hier ist voller **Honks**. • Esta balada está cheia de imbecis.

Para falar de imbecis, idiotas e afins também podemos usar: **Armleuchter** sm., **Blubber** sm., **Bauerntölpel** sm., **Depp** sm., **Horst** sm., **Intelligenzallergiker/in** s., **Knallkopf** sm., **Kunde** sm., **Lappen** sm., **Nichtsraller/in** s., **Opfer** sm., **Patient/in** sm., **Pfosten** sm., **Spacken** sm., **Spasti** sm., **Spaten** sm., **Spinner/in** sm., **Tottel** sm., **Vollhorst** sm., **Vollhonk** sm., **Vollpfosten** sm. etc.

Hopfenkaltschale sf.
CERVEJA GELADA, LOURA GELADA (lit. GASPACHO DE LÚPULO)

—Bock auf 'ne **Hopfenkaltschale**? // Kommt jetzt echt fett bei dieser Bullenhitze! • Está a fim de uma loura gelada? // Seria ótimo, com o calor que está fazendo...

Hummeltitten sf. pl.
1 FICAR ARREPIADO, SENTIR CALAFRIO

—Wenn ich an Peter denke, krieg ich **Hummeltitten**! • Quando penso em Peter, fico toda arrepiada.

2 PEITINHOS, LIMÕES (lit. PEITO DE VESPA)

—Bei den **Hummeltitten** brauchst du doch keinen Glockenträger! • Com esses limõezinhos nem precisa usar sutiã!

Hure sf.
1 PUTA, VADIA

—Meine Nachbarin läuft rum wie die letzte **Hure**. • Minha vizinha se veste como uma puta.

2 Hurenbock sm.
Originalmente significava "puteiro", mas agora é usado no sentido de "filho da mãe", "filho da puta" e, em geral, para se referir a alguém "que corre atrás de qualquer rabo de saia".

—Vergiss den Alten. Der letzte **Hurenbock**, sag ich dir. Der treibts mit jeder. • Esqueça esse aí. O filho da mãe corre atrás de qualquer rabo de saia.

3 Hurensohn sm.
FILHO DA PUTA

—Verpiss dich, du **Hurensohn**! • Cai fora, filho da puta!

i

Igelschnäuzchen *sn.*
PEITINHOS, LIMÕES
(*lit.* FOCINHO DE OURIÇO)

—*Du brauchst noch kein Bikinioberteil mit deinen **Igelschnäuzchen**!* • Com esses peitinhos, você ainda não precisa da parte de cima do biquíni.

Igitt!, Igitt-igitt! *interj.*
ECA! BLEGH! QUE NOJO!

—*Marmelade mit Senf. **Igitt-igitt!*** • Geleia com mostarda, eca!

-inski *suf.*

O sufixo **-inski** pode ser acrescentado a alguns adjetivos que passam a adquirir um tom humorístico: **Brutalinski**, **Radikalinski**, **Totalinski**...

Intelligenzallergiker/in *s.*
LERDO, LESADO, MONGO (*lit.* ALÉRGICO A INTELIGÊNCIA)

—*Der rallt nix der Typ. // Ist 'n echter **Intelligenzallergiker!*** • Esse sujeito não entende nada. // É que ele é completamente lerdo!

Intelligenzfenster *sn.*
HORIZONTE/ LIMITE/ ALCANCE INTELECTUAL

—*Das ist außerhalb ihres **Intelligenzfensters**. Das versteht die nie.* • Isso está fora do seu horizonte intelectual. Ela nunca vai entender.

imba *adv.*
DEMAIS, DO CARALHO, FODA

—*Meine Arbeitskollegen sind echt **imba**. Ist spaßig mit den Leuten.* • Meus colegas de trabalho são do caralho. Me divirto muito com eles.

Ische *sf.*
NAMORADA, MINA

—*Hast 'ne neue **Ische**? // Schon immer die gleiche, Alter!* • Trocou de mina? // Nada! É a mesma de sempre, cara.

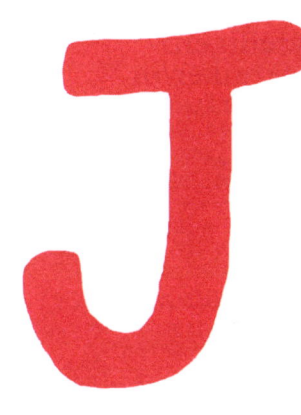

jabbern *v.*
PAPEAR *ON-LINE*, NA *INTERNET*, EM *CHATS*

—*Ihr sollt nicht **jabbern**, ihr sollt die Aufgabe lösen!* • Não é pra papear na internet, vocês têm que resolver o exercício!

jacklässig *adj.*
LEGAL, DO CARALHO

—*Deine Alten sind echt **jacklässig**. Die erlauben dir ja alles!* • Teus pais são legais, te deixam fazer tudo!

Jammerlappen *sm.*
CHORÃO, MANHOSO, CHATO, CHEIO DE MIMIMI

—*Diesen **Jammerlappen** kann ich nicht mehr sehen. Seitdem ich Schluss gemacht habe, heult der mir jeden Tag was vor.* • Não aguento mais esse manhoso. Desde que terminei com ele, fica choramingando todos os dias.

Jasager/in *s.*
PESSOA SUBMISSA, QUE SEMPRE DIZ AMÉM PARA TUDO

—*Diese **Jasagerin** kann sich gegen ihren Freund gar nicht durchsetzen.* • Essa garota é muito submissa; é incapaz de contrariar o namorado.

jein *adv.*
(contração de ja + nein)
NEM SIM, NEM NÃO; MAIS OU MENOS

Contração de **ja** e **nein**.

—*Kannst du den ab? // **Jein**. // Na, ja oder nein?* • Gosta dele? // Mais ou menos... // Afinal, sim ou não?

Jesuslatschen *sf. pl.*
SANDÁLIAS FRANCISCANAS

Na Alemanha, as **Jesuslatschen** são muito características de um tipo de pessoa de estilo meio *hippie* ou alternativo, certamente ecologista, vegetariana etc. Normalmente são da marca Birkenstock.

—*Wenn er diese **Jesuslatschen** nicht anhätte, wäre der Typ echt o. k.!* • Se não usasse essas sandálias franciscanas, ele seria um cara ok!

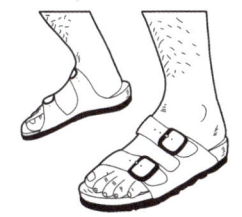

jetten *v.*
SAIR VOANDO

—*Ui, schon so spät! Ich **jette** mal eben zur Arbeit!* • Nossa, que tarde! Tenho que sair voando pro trabalho!

TAMBÉM PODEMOS DIZER DÜSEN

Jockel *sm.*
PÉ NO SACO, CHATO

—*Geh bloss nicht mit diesem **Jockel** aus.* • Nem pense em sair com esse cara chato.

ANOTE ALGUNS SINÔNIMOS TROTTEL, DEEP

juckig *adj.*
ESTAR COM TESÃO, EXCITADO

—*Was bin ich **juckig** heute!* • Hoje estou com muito tesão!

Junggemüse *sn.*
NOVINHAS, MENININHAS
(*lit.* VERDURA TENRA)

—*Scharfe Bunnys da drüben! // Seid wann stehst du denn auf so 'n **Junggemüse**?* • Veja essas meninas! // Desde quando você gosta das novinhas?

Junkie *sm.*
1 DROGADO

—*Ich hab diese beschissene Gegend sowas von satt. Du siehst hier nur Nutten und **Junkies**.* • Estou cheio de viver nesta merda de bairro. Só dá pra ver putas e drogados por aqui.

2 LESO, UM ESTUPOR

—*Das ist ein **Junkie**, der Typ, immer total verpennt.* • Esse cara é um leso, está sempre meio dormindo.

j. w. d. *acrôn.*
(janz weit draußen)
ONDE JUDAS PERDEU AS BOTAS, NO CU DO MUNDO

—*Caro macht sich rar, seitdem sie **j. w. d.** wohnt.* • Não vemos mais Carol desde que foi morar onde Judas perdeu as botas.

> **j. w. d.** significa literalmente "muito longe" e é uma expressão típica de Berlim, onde o "g" com frequência se pronuncia como "j". Por isso, em vez de **ganz** se diz **janz** /ianz/.

DAS MIT EUCH BEIDEN IST ABER AUCH EINE VERFAHRENE KISTE. DA STEIG'CH NICHT MEHR DURCH • A HISTÓRIA DE VOCÊS PARECE UMA NOVELA. EU JÁ ME PERDI.

K

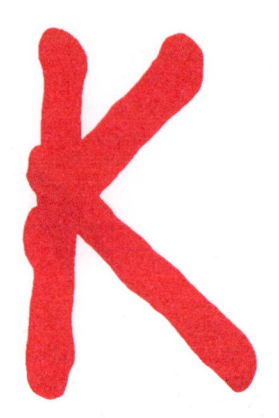

kabbeln (sich) *v. prnl.*
DISCUTIR, BRIGAR

—***Kabbelt euch*** *nicht schon wieder! Vertragt euch endlich!* • *Não discutam mais! Venham, façam as pazes!*

Kackbratze *sf.*
1 TRIBUFU, BARANGA, MULHER FEIA

—*Die **Kackbratze** an der Kasse hat mich letzte Woche beim Eintüten erwischt.* • *Semana passada aquela baranga do caixa me pegou roubando.*

2 CHATO

—*Milena, die **Kackbratze**, ist die ganze Zeit am Quengeln. // Setz sie doch vor die Glotze, dann gibt sie Ruh!* • *Aquela chata da Milena não para de choramingar. // Ponha ela na frente da TV para se acalmar!*

Kacke *sf.*
1 auf die Kacke hauen *loc.*
IR PRA FARRA, SAIR DE BALADA

—*Gestern **haben** wir **auf die Kacke gehauen**. Ich war erst morgens um sieben zu Hause.* • *Ontem saímos de balada, e só voltei pra casa às sete da manhã.*

2 die Kacke ist am Dampfen *loc.*
ARMAR CONFUSÃO, FAZER ESCÂNDALO

—*Als meine Alten mitgekriegt haben, dass ich erst um sieben nach Hause kam, da **war die Kacke** aber **am Dampfen**.* • *Quando meus pais souberam que só cheguei em casa às sete da manhã, fizeram o maior escândalo.*

kahlen *v.*
ENCHER O BUCHO, COMER, EMPANTURRAR-SE

—*Grad hab ich zu Mittag gegessen und mir ist schon wieder nach **Kahlen**.* • *Acabei de comer, e já estou a fim de encher o bucho outra vez.*

Kaff *sn.*
CIDADEZINHA DE MERDA

—*Was bin ich froh, wenn ich die Schule fertig hab und aus diesem **Kaff** hier rauskomm.* • *Que vontade de acabar os estudos e me mandar desta cidadezinha de merda!*

Kakao *sm.*
jdn durch den Kakao ziehen *loc.*
DEBOCHAR, TIRAR UM SARRO, ZOAR

—*Mach dir nix draus, die **ziehen alle durch den Kakao**.* • *Não leve a mal, eles zoam todo mundo.*

kalt *adj.*
kalt erwischen *loc.*
PEGAR DESPREVENIDO, DE CALÇAS CURTAS

—*Der Regen hat uns **kalt erwischt**. Unser Zelt wurde fast weggeschwemmt!* • *A chuva nos pegou de calças curtas. Quase levou nossa barraca embora!*

Kanal *sm.*
1 den Kanal voll haben *loc.*
ESTAR DE SACO CHEIO, ESTAR ATÉ AQUI

—*Hör auf, Stress zu machen, **ich habe den Kanal voll** davon.* • *Me deixe em paz! Estou de saco cheio de tanto estresse.*

2 den Kanal wechseln *loc.*
MUDAR AS COISAS

—*Mit dem neuen Chef müssen wir **den Kanal wechseln**. Er wird nichts durchgehen lassen.* • *Com esse novo chefe, as coisas vão ter que mudar. Ele não vai deixar passar nada.*

3 sich den Kanal volllaufen lassen *loc.*
BEBER, ENCHER A CARA

—*Vor Frust hab ich **mir den Kanal volllaufen lassen**. War ich knülle am Schluss!* • *Estava tão frustrado que fui encher a cara. No fim, fiquei bêbado como um gambá!*

Kante *sf.*
1 etwas auf die hohe Kante legen, etwas auf der hohen Kante haben *loc.*
ECONOMIZAR PARA A ÉPOCA DE VACAS MAGRAS, FAZER UM PÉ-DE-MEIA

—*Klar komm ich mit nach Ibiza. Ich **hab** dafür extra was **auf die hohe Kante gelegt**.* • *Claro que vou com você à Ibiza. Fiz um pé-de-meia pra isso.*

2 sich die Kante geben *loc.*
ENCHER A CARA, TOMAR UM PORRE

—*Wenn der nicht aufpasst, wird er noch zum Alki, so wie er **sich immer die Kante gibt**!* • *Se ele não se controlar, vai acabar alcoólatra. Toma cada porre!*

Karre *sf.*
1 CARROÇA, LATA-VELHA

—*Mit dieser Schrott**karre** kommst du aber nicht weit. Du willst doch damit nicht etwa nach Italien fahren?* • *Com esta carroça você não vai muito longe. Pretende dirigir até a Itália com isso?*

2 die Karre aus dem Dreck ziehen *loc.*
CONSERTAR AS COISAS

—*Und dann isses mal wieder an mir, **die Karre aus dem Dreck zu ziehen.*** • *No fim, sempre sou eu que tenho de consertar as coisas.*

Kasper *sm.*
einen Kasper in der Schublade haben *loc.*
EMBUCHAR, ESTAR GRÁVIDA (*lit.* TER UM FANTOCHE NA GAVETA)

—*Du, ich glaub, Annie **hat einen Kasper in der Schublade.** // Quatsch, die ist nur fett geworden!* • *Cara, acho que Annie embuchou. // Que nada! Ela só engordou um pouco.*

Kater *sm.*
einen Kater haben *loc.*
ESTAR DE RESSACA

—*Ein Wunder, dass ich nach dem Löschen der Festplatte gestern **keinen Kater habe.*** • *Incrível que eu não esteja de ressaca hoje depois do porre de ontem.*

Keks *sm. ou sn.*
1 keksen *v.*
ENCHER O SACO, PENTELHAR

—*Hör endlich auf zu **keksen**, du fällst mir echt auf den Wecker!* • *Pare de me pentelhar, você está me enchendo o saco!*

2 jdm auf den Keks/ auf die Kekse gehen *loc.*
TIRAR DO SÉRIO, IRRITAR

—*Maria **geht** mir so langsam echt **auf den Keks**! // Ja die nervt.* • *Maria está começando a me tirar do sério! // Sim, ela é muito chata.*

Kellerkind *sn.*
GEEK

—*Micky hängt nur noch vor dem Compi. Das reinste **Kellerkind**!* • *Micky passa o dia todo sentado na frente do computador. É um geek total!*

kiffen *v.*
FUMAR BASEADO

—*Seitdem ich das verordnet bekommen habe, bin ich nur noch am **Kiffen**! Und das mit 60!* • *Desde que tenho prescrição médica, não parei de fumar baseado! E olha que comecei aos 60!*

Se você curte fumar um baseado, anote outras maneiras de se referir a isso: **rauchen, barzen, grasen, paffen, buffen, chuffen, dübeln** e **harzen**. De todas, só **rauchen** e **paffen** são usados também para se referir a fumar em geral (cigarro, charuto etc.).

Kiste *sf.*

1 LATA-VELHA, CARROÇA, CARRO VELHO

—*Sag bloß, du hast diese **Kiste** gekauft?* // *Nee, die hat mir mein Onkel abgestoßen!* • *Não me diga que você comprou essa lata-velha?* // *Não, foi meu tio que me deu!*

2 CAMA

—*Die ganze Rasselbande jetzt ab in die **Kiste**!* • *Todo mundo pra cama!*

3 COMPUTADOR

—*Hängst du schon wieder vor dieser **Kiste**?* // *Ich spiel nicht, ich such Infos für mein Referat.* • *De novo no computador?* // *Não estou jogando, estou pesquisando informações para um trabalho!*

4 verfahrene Kiste *loc.*
NOVELA, ROLO, CONFUSÃO

—*Das mit euch beiden ist aber auch eine **verfahrene Kiste**. Da steig ich nicht mehr durch.* • *A história de vocês parece uma novela. Eu já me perdi.*

Klappe *sf.*
die Klappe halten *v.*

FECHAR O BICO, CALAR A BOCA, FICAR CALADO

—*Du hast heute aber Ringe unter den Augen.* // *Ach, **halt** doch einfach **die Klappe**!* • *Você está com belas olheiras hoje!* // *Cale a boca!*

Klapsmühle *sf.*, Klapse *sf.*

HOSPÍCIO

—*Du machst mich noch ganz kirre mit dieser schrecklichen Musik. Am Ende lande ich noch in der **Klapse**!* • *Estou ficando louca com essa música infernal. Vou acabar indo pro hospício!*

klarkommen *v.*

IR BEM, LEVAR AS COISAS DO MODO CERTO, SEM DIFICULDADES

—*Wie läuft's?* // ***Komm** schon **klar**!* • *Como vão as coisas?* // *Tudo certo!*

Klarschiff machen *loc.*

PÔR ORDEM NA CASA, ESCLARECER AS COISAS

—*Bevor wir weiterarbeiten sollten wir erstmal **Klarschiff machen**!* • *Antes de continuar trabalhando, temos que pôr ordem na casa!*

klatschen *v.*

1 DAR UMA SURRA, SURRAR, PEGAR DE PAU

—*Gestern hab'n die vom Juzi ein paar Faschos **geklatscht**.* • *Ontem o pessoal do centro juvenil deu uma surra nos fachos.*

2 TRANSAR, FAZER SEXO

—*Schon lange nicht mehr **geklatscht**! Seitdem mit Ina Schluss ist, ist nix mehr gelaufen!* • *Faz tempo que não faço sexo! Desde que terminei com Ina, não rolou mais nada!*

3 FOFOCAR

—*Schon die News von Freddy und Lisa gehört? // Ich bin ja nicht wie du den ganzen Tag nur am **Klatschen**.* • *Você soube as novas de Freddy e Lisa? // Diferente de você, não passo o dia todo fofocando.*

klatschnass *adj.*
ENCHARCADO, ENSOPADO

—*Warum bist du denn **klatschnass**? // Ich hab meinen Regenschirm vergessen!* • *Por que você está encharcada desse jeito? // Esqueci o guarda-chuva!*

Klemme *sf.*
in der Klemme stecken, in der Klemme sitzen *loc.*
METER-SE EM ENCRENCA, ENCRENCAR-SE

—*Sie haben ihn zum fünften Mal beim Klauen erwischt. Jetzt steckt der ganz schön **in der Klemme**.* • *Ele foi pego roubando pela quinta vez. Agora sim está bem encrencado.*

Klette *sf.*
PÉ NO SACO, GRUDENTO, INOPORTUNO

—*Warum sind die beiden denn nicht mehr zusammen? // Die Tusse ist doch die reinste **Klette**, die ist ihm nicht mehr von der Seite gewichen.* • *Por que eles não estão mais juntos? // Ela é muito grudenta, não largava do pé dele.*

klipp und klar *loc.*
CLARAMENTE, SEM RODEIOS

—*Ich hab's euch **klipp und klar** gesagt, das war das allerletzte Mal!* • *Eu já disse claramente que essa era a última vez!*

Klöten *s. pl.*
COLHÕES, SACO, BOLAS

—*Du gehst mir heute mal wieder gewaltig auf die **Klöten**!* • *Hoje você está me enchendo o saco demais!*

TAMBÉM DIZEMOS HODEN OU EIER

knabbern *v.*
an etwas zu knabbern haben *loc.*
REMOER-SE, GUARDAR RANCOR

—*Sie **hat** immer noch **daran zu knabbern**, dass du gesagt hast, sie wäre etwas dicker.* • *Ainda se remói, porque você disse que ela era meio gordinha.*

knacken *v.*

1 Auto knacken *loc.*
ARROMBAR CARROS

—*In unserer Straße **werden** seit neustem die **Autos geknackt**, und die bauen wohl das Radio aus.* • *Ultimamente estão arrombando os carros da rua e levando o rádio.*

2 Knackarsch *sm.*
BUNDA, BUNDINHA LINDA

—*Meine Fresse, Taylor Lautner hat vielleicht einen geilen **Knackarsch**.* • *Mãe do céu, Taylor Lautner tem uma bundinha linda!*

Knarre *sf.*
BERRO, REVÓLVER, PISTOLA

—*Die haben doch tatsächlich mit 'ner Spielzeug**knarre** die Tanke überfallen.* • *Assaltaram mesmo o posto de gasolina com um revólver de brinquedo.*

Knete *sf.*
GRANA, GAITA, DINHEIRO

—*Ich hab keine **Knete** mehr. Kannst du mir was leihen?* • *Estou sem grana. Você me empresta um pouco?*

Outras maneiras de se referir ao dinheiro são: **Kies, Kohle, Kröten, Mäuse, Moneten, Moos, Schotter, Zaster** etc.

Knick *sm.*

1 das kannste knicken *loc.*
ESQUECER, DEIXAR PRA LÁ

—*Das mit meiner Schwester **kannste knicken**. Die hat jetzt 'nen neuen Lover.* • *Esqueça minha irmã. Ela está de namorado novo.*

2 Knickknack *expr.*
RALA-E-ROLA, SEXO

—*Wie war's gestern mit deiner neuen Flamme? **Knickknack** oder was?* • *Como foi ontem com sua namorada nova? Teve um rala-e-rola, ou não?*

Knöllchen *sn.*
MULTA

—*Nur wegen zwei Minuten im Halteverbot, haben die mir ein **Knöllchen** von 60 Euro verpasst!* • *Só por estacionar dois minutos em lugar proibido, levei uma multa de 60 €.*

Kohldampf (haben/schieben) *loc.*
ESTAR MORRENDO DE FOME

—*Mmmh, wie das hier riecht. Ich **schieb** vielleicht einen **Kohldampf**!* • *Hummm, que cheiro bom. Tô morrendo de fome!*

Koks *sm.*
COCAÍNA, COCA, PÓ

—*Das ist doch nicht etwa **Koks**, was du da in der Tasche hast?* || *Quatsch, nur Traubenzucker!* • *Não me diga que você tem pó no bolso?* || *Não, é só açúcar!*

Komasaufen *sn.*
BEBER ATÉ CAIR

—*Nach dem **Komasaufen** gestern musste er ins Krankenhaus zum Magenauspumpen.* • *Ontem ele bebeu até cair; tiveram que levá-lo ao hospital para fazer lavagem estomacal.*

Kopf *sm.*

1 auf den Kopf gefallen sein *loc.*
SER TROUXA, BOBO

—*Hast du schon gemerkt, dass die Tusse da deinen Macker anbaggert?* || *Glaubst du denn, ich **bin auf den Kopf gefallen**?* • *Você viu que essa aí está a fim de pegar seu namorado?* || *E você acha que eu sou boba?*

2 den Kopf in den Sand stecken *loc.*
JOGAR A TOALHA, DAR-SE POR VENCIDO (*lit.* ENFIAR A CABEÇA NA AREIA)

—*Wegen einer miesen Mathenote wirst du doch nicht gleich **den Kopf in den Sand stecken**. Es fehlen noch viele Prüfungen…* • *Não vá jogar a toalha por causa de uma nota ruim em matemática. Ainda faltam muitas provas…*

3 Kopf hoch! *interj.*
ÂNIMO! CORAGEM! LEVANTE A CABEÇA!

—*Lass dich nicht hängen, so schlimm ist es auch nicht. **Kopf hoch!*** • *Vamos, não fique assim, não é tão grave. Ânimo!*

4 Kopf und Kragen riskieren *loc.*
PÔR O CU NA RETA, ARRISCAR A PELE

—*Wir **haben** dafür **Kopf und Kragen riskiert** und jetzt sagst du, das wär nicht so wichtig. Bei dir tickts wohl!* • *Arriscamos a pele nisso e agora você vem e diz que não era tão importante? Você é maluco?*

5 sich den Kopf zerbrechen *loc.*
QUEBRAR/ESQUENTAR A CABEÇA

—***Zerbrich dir** nicht **den Kopf** darüber. Wir regeln das schon irgendwie.* • *Não esquente a cabeça com isso. Vamos dar um jeito.*

6 sich etwas aus dem Kopf schlagen *loc.*
TIRAR DA CABEÇA, ESQUECER

—*Wenn du so weitermachst, kannst du **dir** das mit dem Urlaub*

aus dem Kopf schlagen! • *Se continuar assim, pode esquecer as férias!*

7 sich etwas durch den Kopf gehen lassen *loc.*

PENSAR BEM, REFLETIR, CONSULTAR O TRAVESSEIRO

—*Was hältst du von der Sache? // Ich **lass** es **mir durch den Kopf gehen**. Montag sag ich dir Bescheid.* • *O que acha do assunto? // Preciso pensar bem. Segunda te digo alguma coisa.*

8 sich etwas in den Kopf setzen *loc.*

ENFIAR ALGO NA CABEÇA, ENCASQUETAR

—*Wenn die **sich etwas in den Kopf setzt**, dann ist sie nicht mehr davon loszubringen!* • *Quando encasqueta com alguma coisa, não há como fazer ela mudar de ideia*

9 über den Kopf wachsen *loc.*

FUGIR DO CONTROLE

—*Dieses ganze Projekt **wächst uns** so langsam **über den Kopf**.* • *Pouco a pouco, este projeto está fugindo do nosso controle.*

Krampfadergeschwader *sn.*

CARETAS, VELHOS, ANTIQUADOS (*lit.* ESQUADRÃO DE VARIZES)

—*Ich geh nie wieder morgens ins Hallenbad. Da triffst du voll aufs **Krampfaderngeschwader**!* • *Nunca mais vou à piscina cedinho. Só tem velhos ali!*

Kübel *sm.*

es regnet wie aus Kübeln *loc.*

CHOVER A CÂNTAROS, CHOVER PRA CARALHO, CAIR O MUNDO, CHOVER CANIVETES

—*Wie war das Wetter denn in eurem Urlaub? // Du glaubst es nicht. Die ganzen zwei Wochen lang **hat** es **wie aus Kübeln geregnet**!* • *Como estava o tempo nas férias? // Você não vai acreditar. Caiu o mundo durante as duas semanas!*

Kurve *sf.*

1 die Kurve kratzen *loc.*

SUMIR, EVAPORAR, DESAPARECER

—*Als die Bullen kamen, **haben** die Straßenhändler sofort **die Kurve gekratzt**.* • *Os camelôs sumiram quando os tiras chegaram.*

2 die Kurve kriegen *loc.*

SALVAR-SE POR MILAGRE, POR POUCO, POR UM TRIZ

—*Der Hamburger SV war kurz vorm Absteigen, **hat** aber gerade noch **die Kurve gekriegt**.* • *O time de Hamburgo quase caiu, mas no fim se salvou por um triz.*

L

labern *v.*
FAZER DISCURSO, TAGARELAR, FALAR EM EXCESSO, DAR À LÍNGUA, FALAR PELOS COTOVELOS

—*Komm, lass uns die Biege machen, der **labert** mal wieder ohne Ende!* • *Vamos cair fora que o cara fala pelos cotovelos!*

Lachflash *sm.*
ATAQUE DE RISO

—*Jedes Mal, wenn wir uns anschauten, bekamen wir voll den **Lachflash**!* • *Cada vez que nos olhávamos, tínhamos um ataque de riso!*

Langfinger *sm.*
TROMBADINHA

—*Pass auf, auf den Ramblas wimmelt es nur so von **Langfingern**.* • *Fique atento que em Las Ramblas está cheio de trombadinhas.*

Lappen *sm.*
(*lit.* TRAPO, PANO)

1 NOTA DE DINHEIRO

—*Du hast ja noch 'n **Lappen** im Portemonnaie. // Ist aber leider nur 'n Fünfer!* • *Você ainda tem uma nota na carteira? // Sim, mas infelizmente só de cinco!*

2 CARTEIRA DE MOTORISTA

—*Hast du deinen **Lappen** wieder? // Nee, erst in zwei Wochen!* • *Já devolveram sua carteira de motorista? // Ainda não, só daqui a duas semanas!*

Laschi *sm.*
BUNDÃO, FROUXO, CAGÃO, BUNDA-MOLE

—*Der **Laschi** soll mit uns spielen?!? Da haben wir doch keine Chance.* • *Esse bundão vai jogar conosco?!? Então não temos chance nenhuma.*

Lass knacken! *loc.*
VAMOS NESSA!

—*Gehen wir auf ein Bier? // **Lass knacken!*** • *Vamos tomar uma cerveja? // Vamos nessa!*

latschen *v.*
1 ANDAR A PÉ, IR A PÉ *v.*

—*Wenn ich mit der U-Bahn zur Arbeit fahre, krieg ich zuviel. Ich **latsche** lieber.* • *Quando vou de metrô pro trabalho, fico de saco cheio. Prefiro ir a pé.*

2 SAPATOS, CALÇADOS *sm. pl.*

—*Nimm mal die **Latschen** da runter! Ich hab grade das Sofa gereinigt.* • *Tire os sapatos daí! Acabei de limpar o sofá.*

3 aus den Latschen kippen *loc.*
FICAR CHOCADO, BESTA, CAIR DO SALTO

—*Damit hab ich nie gerechnet. Ich **bin** echt **aus den Latschen gekippt**!* • *Por essa eu não esperava. Fiquei besta!*

Latte *sf.*
eine Latte bekommen, eine Latte haben *loc.*
FICAR DE PAU DURO, TER UMA EREÇÃO

—*Im Schwimmbad hat er plötzlich so 'ne **Latte bekommen**. Das war ihm vielleicht peinlich!* • *De repente ele ficou de pau duro na piscina. Queria morrer!*

Läuft! *loc.*
OK, COMBINADO, FALOU, TÁ

—*20 Euro die Stunde?* // ***Läuft!*** • *20 € a hora?* // *Ok!*

TAMBÉM DIZEMOS GERITZT, ALLES KLAR, ABGEMACHT OU GEBONGT

Laus *sf.*
eine Laus über die Leber laufen *loc.*
SER MORDIDO POR UM BICHO, ESTAR DE MAU HUMOR

—*Was ist denn mit dir los? **Ist** dir **eine Laus über die Leber gelaufen**?* • *O que é que há? Que bicho mordeu você?*

Leberwurst *sf.*
die beleidigte Leberwurst spielen *loc.*
DAR UMA DE OFENDIDO, FICAR CHEIO DE MIMIMI

—*Kommt Inge auch zur Party?* // *Die **spielt die beleidigte Leberwurst**, weil sie keine persönliche Einladung gekriegt hat.* • *Inge vai à festa?* // *Não, ela ficou cheia de mimimi porque não recebeu um convite personalizado.*

Leck mich!, Leck mich am Arsch! *loc.*
NEM FODENDO! O CARALHO! NEM A PAU!

—*Du bist dran mit abwaschen!* // ***Leck mich!** Heute bist du dran.* • *É sua vez de lavar!* // *Nem fodendo! Hoje é sua vez.*

Leine *sf.*
Zieh Leine! *loc.*
CAI FORA! SE MANDA!

—*Ich hab totales Schädelficken und du textest mich hier zu!* **Zieh endlich Leine!** • *Estou com uma baita dor de cabeça, e você dando discurso! Se manda!*

Lesbe *sf.*
LÉSBICA, SAPATÃO, SAPATA

—*Scharfe Braut! // Vergiss es, das ist 'ne **Lesbe**!* • *Que gata! // Esqueça, é sapata!*

Letzte *sn.*
das ist das Letzte *loc.*
É O CÚMULO! É O FIM DA PICADA!

—*Martin hat mir meine Freundin ausgespannt. // **Das ist doch das Letzte!*** • *Martin roubou minha namorada. // Isso é o fim da picada!*

Lippe *sf.*
eine dicke Lippe riskieren *loc.*
SER INDISCRETO, FALAR DEMAIS

—*Klaus ist dafür bekannt, dass er '**ne dicke Lippe riskiert**.* • *Klaus tem fama de quem fala demais.*

Löcher *sm. pl.*
jdm Löcher in den Bauch fragen *loc.*
FAZER INTERROGATÓRIO, FAZER MIL PERGUNTAS

—*Jedes Mal, wenn ich spät nach Hause komm, **fragt mir die Alte Löcher in den Bauch**.* • *Toda vez que chego tarde em casa, minha mãe faz um interrogatório.*

Löffel *sm.*
1 den Löffel abgeben *loc.*
MORRER, BATER AS BOTAS, ESTICAR AS CANELAS

—*Das Karnickel von meinem Bruder **hat den Löffel abgegeben**.* • *O coelho do meu irmão bateu as botas.*

2 die Löffel aufsperren, die Löffel spitzen *loc.*
PRESTAR ATENÇÃO, FICAR ATENTO

—***Spitz** mal **die Löffel**, ich glaub die reden mit dir.* • *Fique atento, que acho que estão falando com você.*

3 eine hinter die Löffel geben/kriegen *loc.*
DAR/LEVAR UNS TABEFES

—*Wenn du jetzt nicht aufhörst, **geb** ich **dir** gleich **eine hinter die Löffel**!* • *Se não parar imediatamente, vai levar uns tabefes!*

4 sich etwas hinter die Löffel schreiben *loc.*
GUARDAR, NÃO ESQUECER, LEMBRAR

—*Das kannst du **dir** jetzt ein für alle Mal **hinter die Löffel schreiben**: Trau niemandem übern Weg.* • *Guarde isso de uma vez por todas: não confie em ninguém.*

lol *acrôn. do ing.*
(laughing out loud)
1 lolen *v.*
MORRER DE RIR, MIJAR-SE DE RIR

—*Warum seid ihr denn rausgeflogen?* // *Wir konnten nicht mehr aufhören zu **lolen**.* • *Por que foram expulsos?* // *Porque estávamos nos mijando de rir.*

2 lolig *adj.*
DIVERTIDO, LEGAL

—*Wenn Diane mitkommt, wird's fetzig. Die ist echt super **lolig**!* • *Se Diane vier, vai ser demais. Ela é muito divertida!*

Loser/in *s.*
LOSER, TROUXA

—*Lass bloß die Finger von diesem **Loser**. Das bockt nicht mit dem.* • *Fique longe desse trouxa! Ele não é legal.*

losschießen *v.*
CONTAR, DIZER, DESEMBUCHAR

—*Schon das Neuste von Gabi gehört?* // ***Schieß los!*** • *Você soube da Gabi?* // *Não, conte!*

Lückenbüßer *sm.*
SEGUNDA OPÇÃO, ESTEPE

—*Mein Plan ist ins Wasser gefallen. Kommst du mit ins Kino?* // *Nee, ich bin doch nicht dein **Lückenbüßer**!* • *Meus planos miaram. Quer ir ao cinema comigo?* // *Não sou sua segunda opção!*

Lümmel *sm.*
1 PAU, PICA, ROLA

—*Chris hat vielleicht 'nen kleinen **Lümmel**.* // *Na und, darauf kommt's wohl nicht an!* • *Se você soubesse como o pau do Chris é pequeno!* // *E daí? Tamanho não importa!*

2 Lümmeltüte *sf.*
CAMISINHA

—*In dem Laden gibt's geile **Lümmeltüten**, alle Farben und Geschmäcker!* • *Nesta loja vendem camisinhas legais, de todas as cores e sabores!*

Macke *sf.*
eine Macke haben *loc.*
SER XAROPE, MALUCO

—*Die wollen morgen ein Autorennen quer durch die Stadt machen. // Die **haben** doch echt 'ne **Macke**!* • *Amanhã querem fazer uma corrida de carros pela cidade. // São xaropes!*

Macker *sm.*
1 METIDO, CONVENCIDO, MACHÃO, VALENTÃO

—*Joachim ist voll der **Macker**, jetzt hat er sich ein Cabrio gekauft.* • *Joachim é muito metido; agora, comprou um conversível.*

2 NAMORADO, BOY

—*Wie geht's denn deinem **Macker**? // Frag ihn selbst. Wir sind nicht mehr zusammen!* • *Como vai o boy? // Pergunte pra ele. Nós terminamos!*

3 CARA, SUJEITO

—*Siehst du den **Macker** dort? Echt bärig!* • *Está vendo aquele cara ali? Muito gato!*

Malle *abrev.*
(**Mallorca**)

—*Wie war's denn auf **Malle**? // Echt korall!* • *Como foi em Maiorca? // Do caralho!*

Maloche *sf.*
TRAMPO, TRABALHO

—*Wenn wir mit der **Maloche** hier fertig sind, werden wir erstmal 'ne Runde chillaxen!* • *Quando acabarmos este trampo, vamos descansar um pouco!*

> Também existe o verbo **malochen**, que significa "trabalhar", claro.

Masche *sf.*
die Masche zieht bei jdm nicht *loc.*
ISSO NÃO COLA, COMIGO NÃO FUNCIONA

—*Dann hat er noch angefangen zu flennen, aber **die Masche zieht bei mir nicht**!* • *E aí o cara ainda começou a choramingar, mas comigo isso não cola!*

Maschendraht *sm.*
APARELHO NOS DENTES, FERROS (*lit.* PONTO DE ARAME)

—*Wenn die nicht so eine **Maschendraht**-Fresse hätte, wär das echt 'n Brett!* • *Se não tivesse esses ferros na boca, ela seria uma deusa!*

Matschbirne *sf.*
eine Matschbirne haben *loc.*
ESTAR DE RESSACA, COM A CABEÇA A PONTO DE EXPLODIR

—*Von dem Sangria gestern **hab** ich vielleicht **eine Matschbirne**.* • *Acho que minha cabeça vai explodir por causa da sangria de ontem.*

Maul *sn.*
1 Maul! *loc.*
FECHE O BICO! CALE A BOCA!

—*Was hast du denn heute für 'ne Wolle auf'm Kopf?* // ***Maul!*** • *Mas hoje você está de mau humor!* // *Cale a boca!*

2 das Maul aufreißen *loc.*
SER METIDO, DIZER FANFARRONICES, VANGLORIAR-SE, GABAR-SE

—*Ich werde die weltweit größte Webseite erstellen.* // ***Reiß das Maul** liebar nicht so weit **auf!*** • *Vou criar o maior site do mundo.* // *Não seja metido!*

3 ein großes Maul haben *loc.*
SER INTROMETIDO, METIDO, VANGLORIAR-SE, GABAR-SE

—*Der **hat ein großes Maul**. Der bringt den ganzen Tag intelligente Sprüche, hat aber eigentlich keine Ahnung!* • *Esse sujeito é metido demais. Passa o dia todo dizendo máximas inteligentes, mas não faz nem ideia do que fala!*

4 eine aufs Maul kriegen, eine aufs Maul hauen *loc.*
DAR/LEVAR UM TAPA, UM TABEFE

—*Halt die Klappe oder du **kriegst eine aufs Maul!*** • *Cale a boca, ou vai levar um tabefe!*

5 jdm das Maul stopfen *loc.*
CORTAR AS ASINHAS

—*Als Mesut wieder angefangen hat, den Chef zu spielen, **hat** Inge ihm mal so richtig **das Maul gestopft!*** • *Quando Mesut deu uma de chefe, Inge cortou direitinho as asinhas dele!*

Mc-Job *sm.*
BICO EM *FAST-FOOD*

—*Ich hab jetzt so 'nen **Mc-Job** in 'nem Frittenbunker.* // *Besser als gar nix, Mann!* • *Arrumei um bico numa barraca de batata frita.* // *Melhor isso do que nada, cara!*

mega- *pref.*
Este prefixo serve de intensificador para adjetivos e substantivos: **megageil**, **megagrell**, **megafett**, **Megaparty** *sf.*, **Megavilla** *sf.* etc.

Mensch *sm.*
1 Mensch!, Menschenskind, Mensch Meier! *interj.*
GENTE! CARALHO! CARACA!

—**Mensch**, was is'n hier los? Was machen denn die ganzen Bullen hier? • Gente! O que está acontecendo aqui? Por que tanta polícia?

2 wie der letzte Mensch *loc.*
FEITO UM TRAPO, UM HORROR

—Der läuft rum **wie der letzte Mensch**, voll out! • Ele anda por aí feito um trapo, superfora de moda!

Memme *sf.*
BUNDÃO, FROUXO, BUNDA-MOLE, CAGÃO

—Voll die **Memme** der Typ, heult dir bei jedem Scheiß einen vor. • Esse cara é um frouxo, qualquer coisa já começa a choramingar.

mies *adj.*
1 PÉSSIMO, UM CACO

—Mir geht's heut vielleicht **mies**. Hab die ganze Nacht nicht gepennt. • Hoje estou péssimo! Não preguei o olho a noite toda.

2 mies machen *loc.*
FALAR MAL, FALAR HORRORES

—Alles **macht** sie **mies!** • Ela fala mal de todo mundo!

3 in den Miesen stehen *loc.*
ESTAR DURO, LISO, SEM UM PUTO

—Alter, ich **steh** ganz schön **in den Miesen**. Nicht mal für'n Tabak reicht's. • Cara, estou liso. Não consigo nem comprar um cigarro.

Mistkerl *sm.*, Miststück *sn.*
FILHO DA MÃE, SEM-VERGONHA, SAFADO

—Das **Miststück** ist einfach abgehaun und hat uns auf der Miete sitzen lassen! • O filho da mãe se mandou sem dizer nada, e agora temos que pagar o aluguel dele!

mitmischen *v.*
METER O BEDELHO, METER O NARIZ, INTROMETER-SE

—Musst du immer überall **mitmischen?** • Por que diabos você sempre tem que meter o bedelho em tudo?

mockern *v.*
PEIDAR, SOLTAR PEIDO, SOLTAR UM TRAQUE

—Nach dem Chilli con Carne waren wir alle am **Mockern!** Das war vielleicht ein Furzkonzert! • Depois de comer chili, todo mundo começou a peidar! Imagine o espetáculo!

Mond

1 auf den Mond schießen loc.

MANDAR À MERDA, À PUTA QUE PARIU

—*Nach fünf Jahren Beziehung hatte ich genug, ich **hab** ihn **auf den Mond geschossen**. Was für eine Befreiung!* • *Depois de cinco anos juntos, eu me cansei e mandei ele à merda. Foi uma libertação!*

2 hinter dem Mond leben loc.

SER ALIENADO, ESTAR POR FORA, VIVER NO MUNDO DA LUA

—*Klar kenn ich Lady Gaga. Ich **leb** doch nicht **hinterm Mond**!* • *Claro que sei quem é Lady Gaga. Não estou tão por fora assim!*

mördergeil adj.

FODA, DO CARALHO, DEMAIS, LEGAL

—***Mördergeiler** Song! Wer is'n das?* • *Esta canção é do caralho! Quem são eles?*

Möse sf.

BOCETA, PERSEGUIDA

—*Marc ist 'n Schwein. Der googelt nur nach **Mösen** und Möpsen!* • *Marc é um porco. Só procura peitos e bocetas no Google!*

Motzkeks sm. ou sn.

ESTAR DE MAU HUMOR, DE CARA AMARRADA

—*Was bist du heut für ein **Motzkeks**?* • *Está de mau humor hoje?*

Mucke sf.

MÚSICA

—*Meine Alten hören im Auto immer eine Scheiß-**Mucke**. Zum Glück hab ich jetzt meinen iPod mit Kopfhörern!* • *Meus pais sempre escutam música de merda no carro. Ainda bem que tenho meu iPod e fones de ouvido!*

Muckibude sf.

ACADEMIA

—*Seitdem ich in die **Muckibude** geh, bin ich echt fit!* • *Desde que vou à academia, estou super em forma!*

Mugel sm. e sf.

ROLHA DE POÇO, BALEIA, GORDO FEITO UM PORCO, GORDO FEITO UM BARRIL

—*Er ist auch nur am Fressen. Kein Wunder, dass der so ein **Mugel** ist!* • *Ele só come. Não me admira que esteja uma baleia!*

> **Mugel** é um substantivo resultante da soma de **halb Mensch** (metade pessoa) + **halb Kugel** (metade bola).

müllen *v.*
DIZER BOBAGENS

—Hör auf zu **müllen**! Wenn du weiter so ein Blech erzählst, kriegst du eins aufs Maul! • Pare de dizer bobagens! Se continuar viajando, vai levar uns tabefes!

Mund *sm.*
1 den Mund halten *loc.*
FECHAR O BICO, CALAR A BOCA

—Ach, **halt** jetzt endlich **den Mund**! • Ah, cale a boca de uma vez por todas!

2 den Mund zu voll nehmen *loc.*
VIAJAR, VIAJAR NA MAIONESE

—Mein Plan für diesen Sommer ist endlich den perfekten Oberkörper zu kriegen. // **Nimm den Mund nicht zu voll!** Du wiegst 170 Kilo. • Meu objetivo neste verão é ficar marombado. // Não viaje, você pesa 170 quilos!

3 nicht auf den Mund gefallen *loc.*
TER MUITA LÁBIA, BOCA DE OURO, SER BICO-DOCE

—Hübsch ist er nicht. Aber er hat trotzdem immer eine am Start, er **ist** ja auch **nicht auf den Mund gefallen**! • Bonito não é. Consegue mulher porque é um bico-doce!

Ein Mundwerk haben também equivale a "ter muita lábia".

Mundgulli *sm.*
MAU HÁLITO, BAFO DE ONÇA

—Du hast vielleicht einen **Mundgulli**! Kaugummi? • Que bafo de onça! Quer um chiclete?

Esperamos que você não tenha que usar muito isso, mas um sinônimo de **Mundgulli** é **Maulschiss** *sm.*

Murks *sm.*
SERVIÇO PORCO, FEITO NAS COXAS

—Die wollten meine Kiste für lau reparieren, aber am Ende stellte sich heraus, dass die nur **Murks** gemacht haben. Jetzt muss ich sie in die Werkstatt bringen. • Queriam arrumar meu carro de graça, mas no fim descobri que fizeram um serviço porco. Agora tenho que levá-lo à oficina!

Muschi *sf.*
XANA, PERIQUITA, PERSEGUIDA

—Ich meinte zu meiner Freundin, sie soll sich mal die **Muschi** rasieren. Ich glaub, die Idee hat ihr nicht gut gefallen. • Pedi pra minha namorada depilar a xana. Acho que ela não gostou muito da ideia.

Como em qualquer idioma, as formas para se referir aos órgãos sexuais podem ir do mais prosaico ao mais vulgar. Eis aqui outras maneiras de se referir à vulva (**Scheide** *sf.*): **Bär** *sm.*, **Möse** *sf.*, **Pussy** *sf.* e a mais vulgar **Fotze** *sf.*

HONEY, WOLLN WIR'NE NUMMER SCHIEBEN ODER LIEBER EINKAAUFEN GEHEN? · **QUERIDO, VAMOS TRANSAR, OU PREFERE SAIR PARA FAZER COMPRAS?**

Nadel *sf.*

1 an der Nadel hängen *loc.*

ESTAR VICIADO(A) EM HEROÍNA, SER UM(A) DROGADO(A)

—*Hast du gehört, dass Pili **an der Nadel hängt**? // Nicht im Ernst! Sie war doch immer die Oberstreberin.* • *Você soube que Pili está viciada em heroína? // Mentira! Mas ela era a mais nerd da classe!*

2 die Nadel im Heuhaufen suchen *loc.*

PROCURAR AGULHA NO PALHEIRO

—*Den Macker vom Fussballstadion das nächste Mal wiederfinden? Das ist ja wie **die Nadel im Heuhaufen suchen**!* • *Reencontrar aquele cara do estádio de futebol? Será como procurar agulha no palheiro!*

Nagel *sm.*

1 etwas an den Nagel hängen *loc.*

ABANDONAR, LARGAR

—*Du willst dein Studium doch nicht etwa **an den Nagel hängen**?* • *Você não vai abandonar a faculdade, né?*

2 etwas brennt unter den Nägeln *loc.*

TER PRESSA, NÃO PODER MAIS ESPERAR

—*Ich muss das jetzt klären. Es **brennt** mir **unter den Nägeln**!* • *Tenho que esclarecer isso agora mesmo. Não posso mais esperar!*

3 Nägel mit Köpfen machen *loc.*

FAZER AS COISAS DIREITO, COMO TEM QUE SER

—*Schluss mit diesen Halbheiten! Lass uns endlich mal **Nägel mit Köpfen machen**!* • *Já chega de fazer tudo nas coxas! Vamos fazer as coisas direito!*

4 sich etwas unter den Nagel reißen *loc.*

PEGAR, APROPRIAR-SE DO QUE É DO OUTRO

—*Hey, hast du meinen Laptop irgendwo gesehen? Seit Tagen suche ich ihn. // Frag mal Eduardo, der **reißt sich** alles **unter den Nagel**!* • *Ei, você viu meu notebook por aí? Faz dias que estou procurando. // Pergunte pro Eduardo, ele sempre pega o que é dos outros.*

nageln *v.*
TRANSAR, FAZER SEXO

—*Tom und Fritz sind frisch verliebt und den ganzen Tag nur am **nageln**.* • *Tom e Fritz estão apaixonados há pouco tempo e passam o dia todo transando.*

Nahkampfsocke *sf.*
CAMISINHA (*lit.* MEIA DE LUTA CORPO A CORPO)

—*Hast du zufällig noch 'ne **Nahkampfsocke**? Heike will gleich noch kommen und ich hab definitiv keine mehr.* • *Por acaso você ainda tem uma camisinha? Heike está chegando, e estou sem nenhuma.*

Nase *sf.*
1 an der Nase herumführen *loc.*
FAZER ALGUÉM DE IDIOTA, ENGANAR

—*Jetzt sollen die Arbeiterlöhne wieder gesenkt werden, aber die von den Chefs rührt keiner an. Die **führen** uns doch alle nur **an der Nase herum**.* • *Querem baixar de novo os salários dos trabalhadores, mas no salário dos chefes ninguém mexe. Ficam nos fazendo de idiotas!*

2 die Nase in etwas stecken *loc.*
METER O BEDELHO, INTROMETER-SE, METER-SE

—***Steck** deine **Nase** nicht immer in meine Angelegenheiten!* • *Não se meta sempre nas minhas coisas!*

3 immer der Nase nach *loc.*
SEMPRE EM FRENTE

—*Wo ist denn das Klo? // **Immer der Nase nach**!* • *Onde fica o banheiro? // Sempre em frente!*

4 jdm etwas an der Nase ansehen *loc.*
VER NA CARA, NOTAR, REPARAR

—*Man **sieht** es **dir** doch **an der Nase an**, wenn du lügst.* • *Dá pra ver na sua cara quando você está mentindo.*

5 jdm etwas auf die Nase binden *loc.*
NÃO CONTAR, NÃO REVELAR ALGO PARA ALGUÉM

—*Wie war's gestern mit Carol? // Das **bind** ich dir doch nicht **auf die Nase**!* • *Como foi ontem com Carol? // Não vou te contar.*

6 jdm etwas aus der Nase ziehen *loc.*
FAZER ALGUÉM ABRIR O BICO, ARRANCAR ALGO DE ALGUÉM

—*Jetzt schieß mal endlich los! **Dir** muss man ja alles **aus der Nase ziehen**, sonst rückst du nix heraus.* • *Ande, conte de uma vez! Temos que arrancar as coisas, senão você não diz nada, né?*

7 jdm etwas unter die Nase reiben *loc.*
JOGAR/ESFREGAR NA CARA

—*Die Geschichte mit Dirk wird er **mir** in hundert Jahren noch **unter die Nase reiben**. Der ist sowas von nachtragend.* • *Por um século* *ele vai me jogar na cara a história com Dirk. Você não sabe como ele é rancoroso.*

8 jdm etwas vor der Nase wegschnappen *loc.*
PEGAR ALGO POUCO ANTES DE OUTRA PESSOA, DEBAIXO DO NARIZ DELA

—*Drei Stunden hab ich angestanden und dann* **hat** *der Typ vor mir mir die letzte Karte* **vor der Nase weggeschnappt!** *// So 'ne Scheiße!* • *Fiquei na fila por mais de três horas, e, no fim, o cara antes de mim comprou o último ingresso debaixo do meu nariz! // Que merda!*

nebeln *v.*
FUMAR (*lit.* FAZER NÉVOA)

—*Geh'n wir raus, eine* **nebeln**? *Ätzend, dass in diesem Schuppen nicht mehr geraucht werden darf!* • *Vamos lá fora fumar? Que merda não poder mais fazer isso neste boteco!*

Nerd *sm. do ing.*
1 NERD, CDF

—*Seit dem Paul Medizin studieren will, ist er zum* **Nerd** *geworden!* • *Desde que Paul decidiu fazer medicina, virou* nerd!

2 GEEK

—*Meike ist ein* **Nerd** *und die hat auch echt Ahnung. Letzte Woche hat sie meinen PC zerlegt und jetzt funzt er wieder wie neu!* • *Meike é uma* geek *e ela também sabe muito. Semana passada, desmontou meu computador e agora está funcionando como se fosse novo.*

Nichtsraller/in *s.*
LERDO, LESADO

—*Warum setzt du dich bloß neben diesen* **Nichtsraller**. *Da kannst du ja nicht mal abkupfern!* • *Por que você se senta ao lado desse lerdo? Não serve nem pra copiar!*

nietzschen *v.*
FILOSOFAR (*lit.* NIETZSCHEAR)

—*Die finden sich ganz fett, nur weil die den ganzen Tag Gitanes ohne Filter rauchen und* **rumnietzschen**. • *Eles se acham* cool *só porque passam o dia fumando Gitanes sem filtro e filosofando.*

Null *sf.*
1 eine Null sein *loc.*
SER PÉSSIMO, UMA NEGAÇÃO, UM ZERO À ESQUERDA

—*In Deutsch* **bin** *ich voll 'ne* **Null**. *Vor allem von Grammatik hab ich keinen Schimmer!* • *Sou péssimo em alemão. Especialmente em gramática, não entendo nada!*

2 nullachtfünfzehn *adj.*
NORMAL, COMUM, SEM NADA DE ESPECIAL

Significa literalmente "zero-oito-quinze". 0-8-15 era o nome de um fuzil padrão produzido em série e utilizado pelo exército alemão. Foi criado em 1908 (daí, **null** e **acht**), e aperfeiçoado em 1915 (**fünfzehn**).

—*Diese Jacke findste cool? Die ist doch voll **nullachtfünfzehn**, Mann!* • Gosta desta jaqueta? Não tem nada de especial, cara!

3 null Bock haben *loc.*
NÃO ANDAR A FIM, NÃO TER VONTADE

—*Warum lässt du dich denn nirgends mehr blicken?* // ***Hab null Bock** auf gar nix in letzter Zeit!* • Por que você não aparece mais em lugar nenhum? // Ultimamente não ando a fim.

4 Nullchecker/in *s.*
DISTRAÍDO

—*Ich hab den angebaggert ohne Ende. Aber das ist echt 'n **Nullchecker**. Der rallt nix!* • Fiquei dando em cima dele sem parar. Mas ele nem percebeu, é um distraído!

Nummer *sf.*
1 auf Nummer sicher gehen *loc.*
APOSTAR NO SEGURO, NÃO CORRER RISCOS, NÃO ARRISCAR

—*Bei der Sache mit der Kohle würd ich **auf Nummer sicher geh's**.* • Em termos de dinheiro, eu não arriscaria.

2 eine Nummer schieben, eine Nummer machen *loc.*
TRANSAR, FAZER SEXO

—*Honey, wolln wir 'ne **Nummer schieben**, oder lieber einkaufen gehen?* • Querido, vamos transar, ou prefere sair para fazer compras?

Nuss *sf.*
1 harte Nuss *loc.*
OSSO DURO DE ROER

—*Die Alte ist 'ne **harte Nuss**. An der haben sich schon viele die Zähne ausgebissen!* • A velha é osso duro de roer. Muitos já quebraram os dentes com ela!

2 jdm auf die Nuss/Nüsse gehen *loc.*
TIRAR DO SÉRIO, ENCHER O SACO, IRRITAR

—*Mit deinem Gepfeife gehst du **mir voll auf die Nüsse**. Maul jetzt!* • Você está me irritando com esses assobios. Cale a boca!

Nutte *f.*
PUTA, VADIA

—*Die dahinten mit dem Minikleid sieht voll aus wie 'ne **Nutte**!* • Essa aí parece uma puta com esse microvestido!

Para nos referirmos à profissão mais antiga do mundo, também podemos usar, entre outras, **Prostituierte** sf., **Freudenmädchen** sn., **Strichmädchen** sn., **Eule** sf. ou **Hure** sf., em ordem crescente de vulgaridade.

oben-ohne *loc.*
TOPLESS

—*Können wir uns hier **oben-ohne** sonnen? // Klar, machen doch alle!*
• *Podemos fazer topless aqui para tomar sol? // Claro que sim, todo mundo faz!*

ober- *pref.*

Ober- pode ser usado como prefixo intensificador, como **gigantisch-, hyper-, maxi-, mega-, super-, über-, ultra-** etc.

—*Die Party gestern war **obergeil**.*
• *A festa de ontem foi megadivertida.*

Oberstübchen *sn.*
nicht mehr ganz richtig im Oberstübchen sein *loc.*
ESTAR MAL DA CABEÇA, MEIO XAROPE

—*Sein Opa **ist nicht mehr ganz richtig im Oberstübchen**.*
• *Seu avô está mal da cabeça.*

Oberwasser bekommen *loc.*
SAIR DO BURACO, SUPERAR ALGO, MELHORAR

—*Als Ingeborg ihn verlassen hat, war er ganz geknickt, aber mit der Zeit hat er dann wieder **Oberwasser bekommen**.*
• *Quando Ingeborg o deixou, ele ficou arrasado. Mas com o tempo foi melhorando.*

Ofen *sm.*
1 der Ofen ist aus *loc.*
ACABOU-SE O QUE ERA DOCE! ACABOU! JÁ DEU!

—*Jetzt reicht's aber! Jetzt **ist der Ofen aus**!* • *Bom, já chega! Acabou-se o que era doce!*

2 ein heißer Ofen *loc.*
MÁQUINA, AVIÃO, MULHERÃO

—*Guck mal, dieser **heiße Ofen** da hinten. // Meinst du das Motorrad oder die Braut darauf?* • *Nossa, que máquina! // Está se referindo à moto ou à garota?*

3 ein Schuss in den Ofen loc.
UM FRACASSO, UM FIASCO

—*Das ganze Projekt war **ein Schuss in den Ofen**. Am Ende hockten sie dann auf ihren Schulden!* • *Todo o projeto foi um fiasco. No fim, morreram com as dívidas!*

offen adj.
den Arsch offen haben loc.
ESTAR VIAJANDO, ESTAR MALUCO

—*Dann sollte ich ihm auch noch einen blasen. // Der Typ **hat** doch **den Arsch offen**!* • *E ainda por cima queria um boquete. // O cara está viajando!*

Ohrwurm sm.
MÚSICA QUE GRUDA NA CABEÇA, QUE NÃO SAI DA CABEÇA

—*„Alejandro" von Lady Gaga ist der reinste Ohrwurm. Ich muss es den ganzen Tag vor mich hin trällern.* • *"Alejandro", da Lady Gaga, não me sai da cabeça. Fico cantarolando o dia todo.*

Oldies, Ötzis s. pl.
PAIS, VELHOS, COROAS

—*Lassen dich deine **Oldies** zum Zelten? // Nee, ich muss mit nach Italien!* • *Seus pais deixam você acampar? // Não, cara, tenho que ir à Itália com eles.*

Oper sf.
quatsch keine Oper loc.
NÃO ME VENHA COM ESSA, NÃO VENHA COM ESSE DISPARATE PRA CIMA DE MIM

—***Quatsch keine Oper**, das glaubt dir doch eh kein Schwein.* • *Não me venha com essa, ninguém vai acreditar em você.*

out adv. do ing.
1 out sein loc.
DATADO, DESATUALIZADO, FORA DE MODA, FORA DE ÉPOCA

—*Der **ist** ja völlig **out** mit seinen Klamotten!* • *Ele está totalmente fora de moda com essas roupas!*

2 sich outen loc.
SAIR DO ARMÁRIO, REVELAR-SE GAY

—*Am Ende **hat** er **sich** dann doch als Tunte **geoutet**! Und dann ist er auch gleich zur Dragqueen geworden, zieh dir das rein!* • *Finalmente ele saiu do armário! E depois já virou drag queen, pode acreditar!*

Palme *sf.*
jdn auf die Palme bringen *loc.*
FICAR IRRITADO, PUTO

—*Es **bringt** mich **auf die Palme**, dass ich ständig unterbrochen werde.* • *Fico puto quando estou falando e me interrompem constantemente.*

pampig *adj.*
GROSSO, DESAGRADÁVEL

—*Wenn die immer so **pampig** zu dir ist, dann motz doch mal zurück. Dann lässt sie's vielleicht sein!* • *Se ela é sempre tão grossa com você, retribua a grosseria. Talvez ela pare com isso!*

Panne sein *loc.*
SER UM FRACASSO, UM FIASCO

—*Der Vortrag von meinem Chef **war** voll **Panne**. Die Hälfte der Leute ist eingepennt und die andere Hälfte ist abgehauen.* • *A palestra do meu chefe foi um fiasco: metade do público dormiu, e a outra metade se mandou.*

Pappe *sf.*
nicht von Pappe sein *loc.*
NÃO SER POUCA PORCARIA, MIXARIA, BRINCADEIRA

—*So eine Mandelentzündung **ist nicht von Pappe**. Bleib bloß im Bett und kurier dich aus.* • *Uma faringite dessas não é brincadeira. Fique de cama e se cuide direitinho!*

pappsatt *adj.*
EXPLODINDO, SATISFEITO, DE BARRIGA CHEIA

—*Wollt ihr noch Nachtisch? // Also ich nicht, ich bin **pappsatt**!* • *Quer sobremesa? // Não, estou explodindo!*

Paras (schieben) *loc.*
ESTAR PARANOICO, PREOCUPADO

—*Vor der Untersuchung **hab** ich echt **Paras geschoben**. Zum Glück war alles o. k.!* • *Antes de ir ao médico, estava paranoico. Ainda bem que estava tudo bem!*

Partybremse *sf.*, Partyschranke *sf.*
DESMANCHA-PRAZERES, ESTRAGA-PRAZERES

—*Francesca hab ich nicht eingeladen, die ist 'ne totale **Partybremse**.* • Não convidei Francesca porque ela é uma verdadeira desmancha-prazeres.

TAMBÉM DIZEMOS
MIESEPETER

peino *adv., abrev.*
(peinlich *adj.*)
MICO, VERGONHA

—*Als ihre Eltern auftauchten, voll **peino**. Wir lagen splitterfasernackt auf ihrem Sofa!* • Que mico quando apareceram os pais dela! Pegaram a gente sem roupa no sofá!

Pelle *sf.*
auf die Pelle haben/rücken *loc.*
GRUDAR EM ALGUÉM, FICAR NO PÉ

—*Samstagabend kam ich darauf, Minirock und hohe Schuhe anzuziehen, und dann hatte ich den ganzen Abend drei Typen **auf der Pelle**.* • No sábado resolvi pôr salto alto e minissaia, e três caras ficaram no meu pé a noite toda.

Penner/in *s.*
INÚTIL, IMBECIL

—*Das ist ein **Penner**, der kriegt nichts gebacken!* • É um inútil, sempre pisa na bola!

pfeffern *v.*
jdm eine pfeffern *loc.*
DAR UMA BOFETADA, UM TAPA EM ALGUÉM

—*Wenn die Kinder nicht hören, kriegen die jedes Mal **eine gepfeffert**.* // *Wie bescheuert!* • Toda vez que as crianças não obedecem, levam um tapa. // Mas que estupidez!

> **Pfeffer** significa pimenta; e **pfeffern** é pôr pimenta, temperar com pimenta.

Pfeife *sf.*
1 eine Pfeife sein *loc.*
SER PÉSSIMO, UMA NEGAÇÃO

—*Der Schiedsrichter war 'ne echte **Pfeife**. Der hat alles falsch gepfiffen!* • O árbitro era uma negação. Apitou tudo ao contrário!

2 jdn in der Pfeife rauchen *loc.*
TER ALGUÉM NA PALMA DA MÃO, TER O CONTROLE SOBRE ALGUÉM (*lit.* FUMAR ALGUÉM NO CACHIMBO)

—*Mach dir bloß keine Sorgen, der kommt dir nicht in die Quere. Den kannst du **in der Pfeife rauchen**.* • Não se preocupe, ele não vai atrapalhar. Você tem ele na palma da mão.

Pferd sn.
1 auf das richtige Pferd setzen loc.
ACERTAR EM CHEIO, BEM NO ALVO (lit. APOSTAR NO CAVALO CERTO)

—*Diesmal **hatten** wir zum Glück **aufs richtige Pferd gesetzt**.* • *Por sorte, acertamos em cheio desta vez.*

2 Ich glaub, mich tritt ein Pferd! loc.
O QUÊ? COMO É QUE É?

—*100 Euro für eine Eintrittskarte? **Ich glaub, mich tritt ein Pferd!*** • *Como é que é? 100 euros por um ingresso?*

3 mit jdm Pferde stehlen loc.
SER PAU PRA TODA OBRA

—*Die beiden sind echt fette Kerle. **Mit** denen kannst du **Pferde stehlen**.* • *Os dois sujeitos são maravilhosos. Pau pra toda obra!*

Pi sn.
etwas Pi mal Daumen machen loc.
FAZER ALGO A OLHO, NO OLHÔMETRO

—*Ich hab keine Meterma'. Ich **mach** das eben **Pi mal Daumen!*** • *Não tenho fita métrica. Faço no olhômetro mesmo!*

picobello adj. inv.
IMPECÁVEL, UM BRINCO

—*Wow, die Wohnung ist ja echt **picobello** geworden.* • *Nossa, o apartamento ficou um brinco!*

piepen v.
bei dir piept's wohl loc.
TÁ MALUCO?!

—*Du hast mich fast umgefahren! **Bei dir piept's wohl!*** • *Quase me atropelou! Tá maluco?!*

Pimmel sm.
PINTO, PAU, ROLA

—*Seitdem meine Schwester Sexualkundeunterricht hat, will sie immer meinen **Pimmel** sehen!* • *Desde que minha irmã começou a ter aula de educação sexual na escola, quer ficar vendo meu pinto!*

platt adj.
1 plattmachen loc.
ESMAGAR, ACABAR COM ALGUÉM, DAR UM PAU

—*Die **haben** die Fans von der Gegenseite voll **plattgemacht**! Die Bullen konnten gar nichts machen, so schnell ging das!* • *Os torcedores do time adversário deram um pau neles! A polícia nem teve tempo de reagir, tão rápido aconteceu!*

2 platt sein *loc.*
FICAR SURPRESO, DE QUEIXO CAÍDO

—*Als mich mein Chef vor aller Welt so gelobt hat, **war** ich echt **platt**.* • *Fiquei de queixo caído quando meu chefe começou a me elogiar daquele jeito na frente de todo mundo.*

Pleite *sf.*
1 so eine Pleite *loc.*
UM FRACASSO! UM FIASCO!

—*Der Laden läuft überhaupt nicht. **So eine Pleite** aber auch! // Dann lass es lieber bleiben.* • *A loja anda péssima. Um fracasso! // É melhor desistir então.*

2 pleite sein *loc.*
ESTAR ARRUINADO, QUEBRADO, FALIDO

—*Ich **bin** völlig **pleite**.* • *Estou completamente arruinado.*

Pony *sn.*
MULHERÃO, GOSTOSA

—*Das **Pony** ist Karims Schwester. // Kaum zu glauben, er ist ja voll der Hässlon!* • *Esse mulherão é a irmã do Kim. // Do jeito que ele é feio, ninguém diria!*

pornös *adj.*
DEMAIS, DO CARALHO, LEGAL

—*Berlin ist echt **pornös**. // Auf jeden Fall mit Abstand die beste Stadt in Europa!* • *Berlim é do caralho. // Sim. De longe é a melhor cidade da Europa!*

Pressbär *sm.*
MAROMBADO, BOMBADO, BOMBADÃO, GRANDALHÃO

—*Die Muckibude ist voll von diesen **Pressbären**. Da trau ich mich gar nicht, meine Trainingsjacke auszuziehen.* • *A academia é cheia de marombados. Nem me atrevo a tirar o moletom.*

prinzesseln *v.*
DAR UMA DE PRINCESA

—*Nun mach schon, **prinzessel** nicht schon wieder!* • *Ora, não vá dar uma de princesa!*

Puffer *sm.*
einen Puffer einlegen *loc.*
DAR UM TEMPO, PARAR UM POUCO, FAZER UMA PAUSA, UM *BREAK*

—*Was für eine Maloche! Lass uns mal 'nen **Puffer einlegen**, ich bin fix und alle!* • *Que trabalheira! Vamos dar um tempo, que estou só o pó!*

Puffwasser *sn.*
CHAMPANHE, VINHO (*lit.* ÁGUA DE BORDEL)

—*Ich hab endlich den Lappen gekriegt! Ich schmeiß 'ne Runde **Puffwasser**!* • *Finalmente tirei a carteira de motorista! A rodada de champanhe é por minha conta!*

Pulle sf.
GARRAFA

—*Schiebst du mal 'ne **Pulle** rüber. Hab schon 'ne ganz trockene Kehle!* • *Passe uma garrafa, que estou com a garganta seca!*

Puppe sf.
1 GATA, GATINHA (*lit.* BONECA)

—*Bei der **Puppe** kannst du nicht landen. Die steht nur auf Ü30.* • *Com essa gata você não vai ficar. Ela só gosta de quem tem mais de 30.*

2 bis in die Puppen *loc.*
ATÉ AS TANTAS, ATÉ TARDE

—*Wir waren mal wieder **bis in die Puppen unterwegs**. Als ich nach Hause kam, war's schon hell!* • *Outra vez ficamos até as tantas por aí. Quando voltei pra casa, já estava claro!*

3 die Puppen tanzen lassen *loc.*
DAR UMA FESTA, COMEMORAR

—*Falls ich besteh, **lassen** wir die **Puppen tanzen**! // Abgefahren, da machen wir was los!* • *Se eu passar, vamos comemorar! // Legal, vai ser a maior bagunça!*

Pussy sf.
1 XANA, PERSEGUIDA, PERIQUITA

—*Stimmt es, dass heute die meisten Bräute ihre **Pussys** rasiert haben?* • *É verdade que agora quase todas as garotas depilam a xana?*

2 BUNDÃO, BUNDA-MOLE

—*Dass er verglichen mit Johnny Cash voll die **Pussy** ist, weiß doch jeder.* • *Todo homem sabe que ele é um bundão, se comparado ao Johnny Cash.*

Putz sm.
auf den Putz hauen *loc.*
SOLTAR FOGUETES, COMEMORAR MUITO, FESTEJAR EM EXCESSO

—*Zu meinem Geburtstag **haben** wir so richtig **auf den Putz gehauen**. Man ist ja nur einmal jung!* • *No meu aniversário, soltamos foguetes. Só se é jovem uma vez!*

Quacksalber/in *s.*
CURANDEIRO

—*Dieser **Quacksalber** verschreibt allen dasselbe. Egal ob du 'ne Grippe oder 'nen Bänderriss hast!* • Esse curandeiro sempre receita a mesma coisa, seja para gripe ou para entorse.

Quadratlatschen *sm. pl.*
PATAS, PATINHAS

—*Nimm deine **Quadratlatschen** vom Sofa! Du machst ja alles ganz dreckig!* • Tire essas patas do sofá! Você está sujando tudo!

quaken *v.*
ABRIR O BICO, CONTAR TUDO (*lit.* GRASNAR)

—***Quak** nur, hört eh niemand auf dich!* • Pode abrir o bico à vontade, ninguém presta mesmo atenção no que você fala!

Quälgeist *sm.*
CHATO, PENTELHO

—*Ihr **Quälgeister**. Hier habt ihr fünf Euro. Zischt endlich ab und kauft euch das Eis!* • Pronto, seus pentelhos, aqui estão os cinco euros! Sumam daqui e vão comprar um sorvete!

Qualle *sf.*
GORDO, BALEIA (*lit.* MEDUSA)

—*Diese **Qualle** ist nur am Futtern. Das ist schon die zweite Tüte Chips!* • Aquela gorda passa o dia todo comendo. Já está no segundo saco de batata frita!

qualmen *v.*
FUMAR

—*Hört auf zu **qualmen** oder macht wenigstens das Fenster auf.* • Parem de fumar, ou pelo menos abram a janela.

Quark *sm.*

1 NÃO DIGA BOBAGENS

—*Peter schwul? So ein **Quark**, der hat jede Woche 'ne neue Ische!* • O Peter, homossexual? Não diga bobagens! A cada semana ele sai com uma diferente!

2 da warst du noch Quark im Schaufenster *loc.*
VOCÊ NEM TINHA NASCIDO
Significa literalmente: "naquela época você ainda era uma ricota na prateleira".

—*Die Mucke ist dufte. 'Ne neue Scheibe?* // *Die ist so alt, **da warst du noch Quark im Schaufenster**.* • *Essa música é demais. Álbum novo?* // *É tão velha, de quando você ainda nem tinha nascido.*

quarzen *v.*
FUMAR

—*Die **quarzen** jetzt nur noch Selbstgedrehte. Es ist viel billiger.* • *Agora só fumam cigarro de enrolar. Sai muito mais barato.*

Quatsch *sm.*
BOBAGEM, BESTEIRA, MERDA

—*Bayern München ist die beste Fussballmannschaft überhaupt!* // *Red keinen **Quatsch**, Mann!* • *O Bayern de Munique é o melhor time de futebol do mundo!* // *Não fale merda, cara!*

Quatschkopf *sm.*
TOLO, BOBO, IDIOTA

—*Lass den **Quatschkopf** einfach links liegen.* • *Esqueça esse idiota.*

Quickie *sm., do ing.*
RAPIDINHA

—*Mein Freund steht auf **Quickies** im Auto, ich leider überhaupt nicht. Super ungemütlich und ich hab immer Angst, dass uns jemand ertappt.* • *Meu namorado adora uma rapidinha no carro, mas eu não. É muito desconfortável, e tenho medo de que alguém veja a gente.*

quietschlebendig *adj.*
VIVINHO DA SILVA

—*Ich hab gehört, Wim Wenders ist abgenibbelt!* // *Ich hab grad gestern noch'n Interview gesehen. Da war er **quietschlebendig**!* • *Ouvi dizer que Wim Wenders morreu!* // *Eu o vi ontem mesmo em uma entrevista. Estava vivinho da Silva!*

quitt *adj.*
mit jdm quitt sein *loc.*
ESTAR QUITE COM ALGUÉM, ESTAR NA BOA COM ALGUÉM

—*Hier hast du die 50 €! Jetzt **sind wir quitt**, oder?* • *Aqui estão os 50 €. Agora estamos quites, certo?*

R

Rabatz *sm.*
CONFUSÃO

—*Nach dem ersten Tor gab's so richtig **Rabatz** auf den Rängen, dass der Schiedsrichter das Spiel abbrechen musste.* • Depois do primeiro gol, deu tanta confusão entre as torcidas, que o árbitro teve que suspender o jogo.

Radler *sm. ou sn.*

Radler é uma bebida bem típica da Alemanha. É uma mistura de cerveja e refrigerante tipo Sprite. Na Áustria, é conhecida como **Gespritztes**. Equivale ao *shandy* inglês e à *clara* (cerveja com refrigerante ou limão, dependendo da região) ou ao *champú* (cerveja com limão) da Espanha.

raffen, rallen *v.*
ENTENDER, SACAR

—*Der neue Pauker ist echt korall. Endlich **rall** ich mal was! Der erklärt echt krass!* • O novo professor é demais. Finalmente estou entendendo alguma coisa! Ele explica superbem!

rammeln, ramsen *v.*
TRANSAR, FAZER SEXO, AFOGAR O GANSO

—*Gestern hat Boris mir eine Rose und ein Parfüm geschenkt // Der will dich doch eh nur **rammeln**!* • Ontem Boris me deu uma rosa e um perfume. // Ele só quer transar com você!

Ran! *loc.*
Ran an den Feind!
Ran an die Arbeit!
Ran an den Speck! *loc.*
VAMOS! MÃOS À OBRA!

—*Lass uns endlich loslegen! **Ran an den Speck!*** • Vamos começar de uma vez! Mãos à obra!

ranzig *adj.*
PÉ NO SACO

—*Die Kneipe ist **ranzig**. Ich gehe nicht wieder hin!* • Esse bar é um pé no saco. Não volto nunca mais!

ratten- *pref.*

Prefixo intensificador de alguns adjetivos: **rattengeil**, **rattenscharf** etc.

rattig (sein) *loc.*
ESTAR COM TESÃO

—*Seit Wochen **bin** ich schon richtig **rattig**.* • *Faz semanas que ando cheio de tesão.*

Rede *sf.*
meine Rede *loc.*
VIU, EU DISSE!

—*Du hattest Recht, bei dem Job werden wir nur ausgebeutet! // **Meine Rede**.* • *Você tinha razão, nesse trampo somos só explorados! // Viu, eu disse!*

reihern *v.*
VOMITAR, PÔR TUDO PARA FORA

—*Nach dem Abendessen wurde mir speiübel und ich war die ganze nacht nur am **Reihern**.* • *Depois do jantar, passei mal e vomitei a noite toda.*

reinhauen *v.*
1 das haut rein *loc.*
SUBIR (BEBIDA ALCOÓLICA)

—*Diese Gin Tonics die **hauen** echt **rein**. Ich bin schon ganz ralle.* • *Essas gins-tônicas sobem que é uma coisa. Já estou bêbado.*

2 hau rein *loc.*
TCHAU, *BYE*

—*Ciao, ciao! // **Hau rein**!* • *Tchau, tchau! // Bye!*

3 jdm eine reinhauen *loc.*
DAR/LEVAR UM TABEFE, UM SOCO

—*Wenn du mich noch einmal so anbrüllst, **hau** ich dir **eine rein**!* • *Se gritar comigo de novo, vai levar um soco!*

reinschädeln *v.*
VIRAR (BEBIDA ALCOÓLICA)

—*Hopp und Ex! // Seid ihr schon wieder beim **Reinschädeln**. Ich hab noch genug von letzter Woche!* • *Saúde! // Já estão virando outra vez? Eu ainda nem me recuperei da semana passada!*

Revolverblatt *sn.*
IMPRENSA MARROM, SENSACIONALISTA

—*Das stimmt nicht. Das hast du doch bestimmt wieder aus diesem **Revolverblatt**.* • *Isso é mentira. Certeza que viu isso na imprensa marrom.*

riechen *v.*
jdn nicht riechen können *loc.*
NÃO SUPORTAR (*lit.* CHEIRAR ALGUÉM), NÃO PODER VER ALGUÉM NEM PINTADO (DE OURO)

—*Wir **können** uns **nicht riechen**! Deshalb gehen wir uns aus dem Weg, wo immer wir können!* • *Não podemos nos ver nem pintados! Por isso nos evitamos ao máximo!*

riesen- *pref.*

Prefixo intensificador para substantivos: **Riesenhunger** *sm.* (fome de leão), **Riesenshow** *sf.* (grande espetáculo).

rippen *v.*

AFANAR, FURTAR, ROUBAR

—*In der U-Bahn hab'n sie mir letzte Woche mein Portemonnaie gerippt. Da musst du echt aufpassen.* • Tome cuidado! Semana passada roubaram minha carteira no metrô.

rocken *v.*

SER LEGAL, MASSA, DEMAIS, ANIMAL, FODA

—*Letzten Sommer war ich Kitesurfen. Mensch* **hat** *das* **gerockt!** • No verão passado fiz kitesurf. Cara, foi animal!

TAMBÉM PODEMOS DIZER BOCKEN

Rolle *sf.*

1 aus der Rolle fallen *loc.*

PERDER A COMPOSTURA

—*Tony, tut mir leid, dass ich gestern so 'ne Scheiße gebaut hab. Ich* **bin** *echt vollkommen* **aus der Rolle gefallen.** *Sorry.* • Tony, eu queria pedir desculpas por meu comportamento ontem. Perdi totalmente a compostura. Desculpe.

2 keine Rolle spielen *loc.*

NÃO TER IMPORTÂNCIA, NÃO INTERESSAR

—*Letztendlich* **spielt** *es auch* **keine Rolle,** *warum er mich rausgeschmissen hat! Was zählt ist, dass ich meinen Job los bin.* • No fim das contas, não interessa o motivo pelo qual ele me demitiu! O que conta é que me livrei daquele trampo.

Rolli *abrev.*

1 (Rollkragenpullover *sm.*)

MALHA DE GOLA ALTA

—*Mensch ist es heiß!!* ∥ *Zieh doch deinen* **Rolli** *aus!* • Que calor, cara! ∥ Tire essa malha de gola alta!

2 (Roller *sm.*)

VESPA®, SCOOTER, SCOOPY®

—*Leihst du mir deinen* **Rolli**? *Ich fahr kurz Kippen kaufen.* • Você me empresta sua Vespa? Vou comprar cigarros rapidinho.

Rotz *sm.*

Rotz und Wasser heulen *loc.*

CHORAR COMO UM BEZERRO DESMAMADO, COMO MADALENA ARREPENDIDA

—*Immer hat sie gesagt, sie will nicht mehr. Und als ich dann Schluss gemacht hab,* **hat** *sie* **Rotz und Wasser geheult!** • Sempre disse que não queria mais continuar. E quando terminei com ela, chorou como um bezerro desmamado!

rotzen *v.*

CUSPIR, ESCARRAR

—**Rotz** *hier nicht so rum! Das ist ja ekelhaft!* • Não cuspa aqui! Que nojo!

rotzig *adj.*
GROSSO, AGRESSIVO

—*Der Pauker blieb voll lässig, als Kalle vor der ganzen Klasse **rotzig** wurde.* • *O professor nem se alterou quando Kalle ficou agressivo na frente da classe toda.*

rückwärts (essen) *loc.*
VOMITAR, PÔR TUDO PRA FORA (*lit.* COMER AO CONTRÁRIO)

—*Nachdem ich aus dem Bus ausgestiegen bin, **hab** ich **rückwärts gegessen**.* • *Assim que desci do ônibus, pus tudo pra fora.*

ruckzuck *adv.*
NUM PISCAR DE OLHOS, PÁ-PUM, VAPT-VUPT

—*Den ganzen Nachmittag hab'n wir auf die Radler gewartet und sie waren schneller vorbei als wir gucken konnten. Das ging **ruckzuck**.* • *Ficamos a tarde toda esperando os ciclistas, e quase não os vimos quando passaram por nós. Foi vapt-vupt.*

rumdödeln *v.*
FICAR SEM FAZER NADA, MATAR O TEMPO

—*Wir haben uns schiefgelacht, so **haben** wir **rumgedödelt**.* • *Rimos muito, e então ficamos matando o tempo.*

rumhuren, rumludern *v.*
SER GALINHA, CASANOVA, MULHERENGO

—*Den Macker findest du krass? Der **hurt** doch mit allen **rum**!* • *Acha aquele cara legal? Ele é muito galinha!*

rumlecken *v.*
PEGAR, DAR UNS PEGAS, UNS AMASSOS

—*Sein Alter hat sie beim **Rumlecken** vor der Haustür erwischt.* • *O pai dela flagrou eles quando estavam se pegando em frente à porta de casa.*

runterholen *v.*
jdm/sich einen runterholen *loc.*
BATER PUNHETA, BATER UMA BRONHA, MASTURBAR-SE

—*Mein kleiner Bruder **holt sich** vier Mal am Tag **einen runter**.* • *Meu irmão mais novo bate punheta quatro vezes por dia.*

Rüsselpest *sf.*
RESFRIADO, GRIPE (*lit.* PESTE DA TROMBA)

—*Diese **Rüsselpest** ist echt penetrant. Ich bin nur am Rotzen!* • *Essa gripe é um pé no saco. Passo o dia inteiro fungando!*

PIET MACHT ZWAR IMMER AUF CHECKER, ABER IN WAHRHEIT HAT ER KEINEN BLASSEN SCHIMMER · PIET SEMPRE DÁ UMA DE SABE-TUDO, MAS NA VERDADE ELE NÃO FAZ A MENOR IDEIA DE NADA.

sabbeln *v.*

TAGARELAR, FALAR DEMAIS, FALAR PELOS COTOVELOS

—*Warum fährst du nicht mehr mit Basti zur Arbeit? // Der **hat** jeden Morgen übelst **gesabbelt**.* • *Por que você não vai mais ao trabalho com Basti? // Toda manhã ele ficava falando demais.*

Sabberfleck *sm.*

CHUPÃO

—*Bei der Hitze ein Halstuch? Hast wohl 'nen **Sabberfleck** zu verdecken?* • *De lenço no pescoço com este calor? É para esconder um chupão?*

Sack *sm.*

1 SACO, BOLAS

—*Aus Versehen haben sie ihm beim Training in den **Sack** gehauen!* • *No treino, levou uma pancada no saco sem querer!*

2 jdm auf den Sack fallen, jdm auf den Sack gehen *loc.*

ESTAR DE SACO CHEIO DE ALGUÉM, ESTAR ATÉ AQUI

—*Mit seinem esoterischen Gelaber **fällt** der mir echt **auf den Sack**. Jetzt wollte er mich schon zu so 'nem Guru schleppen. Aber da hab ich gepasst!* • *Estou de saco cheio dele com seus lances esotéricos. Queria até me levar a um guru. Tô fora!*

3 jdn im Sack haben *loc.*

ESTAR NO PAPO

—*Da kannst du deiner Sache sicher sein. Den **hast** du doch schon längst **im Sack**!* • *Pode ter certeza de que vai conseguir. Ele já está no papo!*

Saftladen *sm.*

BAR CARETA

—*In diesem **Saftladen** findest du gar nichts.* • *Nesse bar careta aí você não vai encontrar nada.*

Saftschubse *sf.*
COMISSÁRIA DE BORDO, AERO-MOÇA (*lit.* EMPURRA-SUCO)

—Im Flugzeug hab ich mich mit der **Saftschubse** angelegt. Ich musste dringend pissen und sie bestand darauf, dass ich angeschnallt bleibe. Am Ende hab ich fast auf den Sitz gepinkelt! • Briguei com a comissária de bordo no avião. Precisava mijar, e ela insistia para eu ficar sentado com o cinto de segurança. No fim, quase fiz xixi nas calças!

Sahne *sf.*
erste Sahne sein *loc.*
ESTAR ÓTIMO, PERFEITO

—Dein Tiramisu **ist erste Sahne**. Das kannst du öfter machen! • Seu tiramissu está ótimo. Você poderia fazer mais vezes!

Salat *sf.*
jetzt haben wir den Salat *loc.*
EM QUE CONFUSÃO NOS METEMOS! EM QUE ROLO NOS METEMOS!

—Warum haben wir bloß nicht auf Betty gehört. Die hat's voll gerallt. **Jetzt haben wir den Salat**. • Por que não demos ouvidos a Betty? Ela já tinha sacado de primeira. Em que confusão nos metemos!

Sau *sf.*
1 die blöde Sau *loc.*
TONTA, IMBECIL

—**Die blöde Sau** kann ich nicht mehr sehen! Die soll sich endlich verpissen! • Não posso nem ver essa tonta! Por que não vai embora de uma vez?

2 die Sau rauslassen *loc.*
CHUTAR O BALDE, PERDER O CONTROLE, SOLTAR A FRANGA

—Morgen schreiben wir die letzte Prüfung und danach werden wir **die Sau rauslassen**. • Amanhã é a última prova, e depois vamos chutar o balde.

3 jdn zur Sau machen *loc.*
HUMILHAR, DIMINUIR ALGUÉM

—Die hat ihn vielleicht **zur Sau gemacht**. Und das nur, weil er mit 'ner andern getanzt hat! • Ela humilhou ele só porque ele dançou com outra!

4 unter aller Sau *loc.*
QUE MERDA! QUE DROGA!

—Es ist doch **unter aller Sau**, dass der ganze Scheiß hier immer an mir hängen bleibt. Helft jetzt gefälligst mal mit! • Que droga! Toda essa merda sempre sobra pra mim. Ajudem, pelo menos!

Sau- pode ser usado como prefixo intensificador de adjetivos, **saugeil** (muito legal, superlegal), ou como prefixo pejorativo de substantivos, **Sauwetter** (tempo horrível/de merda).

sausen *v.*

1 einen sausen lassen *loc.*
PEIDAR, SOLTAR UM TRAQUE, UM PEIDO

—*Dann hat er in der U-Bahn **einen sausen lassen** und alle haben sich nach ihm umgedreht! Ihn hat's nicht gekümmert, er meint, furzen sei ein Ur-Bedürfnis!* • *Então ele peidou no metrô, e todo mundo virou para olhar! Mas ele nem ligou, porque acha que peidar é uma necessidade natural.*

> Também podemos dizer: **furzen, Analhusten haben** (*lit.* ter tosse anal), **dönern** ou **einen ziehen lassen**.

2 etwas sausen lassen *loc.*
ABANDONAR, DEIXAR DE IR, LARGAR

—***Den Klavierunterricht** letzte Woche hab ich **sausen lassen**.* • *Semana passada deixei de ir à aula de piano.*

3 jdn sausen lassen *loc.*
LARGAR, DEIXAR, ABANDONAR ALGUÉM

—***Lass** die Ische doch **sausen**, die bitcht doch mit jedem!* • *Largue essa mulher! Não vê que ela dá bola pra todo mundo?*

Schädelficken *sn.*
DOR DE CABEÇA

—*Das **Schädelficken** hört überhaupt nicht auf. // Ich glaub, das kommt von dem Fusel von gestern.* • *Minha dor de cabeça não passa. // Deve ser por causa do vinho barato de ontem.*

> Também podemos dizer: **eine (Matsch)birne** *sf.* **haben** ou **einen Brummschädel haben**.

scharf *adj.*
auf jdn scharf sein, auf jdn spitz sein *loc.*
DEIXAR COM TESÃO, DAR TESÃO, EXCITAR ALGUÉM

—*Mann, was **bin ich scharf auf die**!* • *Cara, ela me dá o maior tesão!*

Scheibe *sf.*
sich von jdm eine Scheibe abschneiden können *loc.*
CONTAGIAR-SE COM, PEGAR ALGO DE ALGUÉM

—*Das ist übelst der Checker. Von dem **könntest** du **dir** mal **eine Scheibe abschneiden**!* • *Ele é muito esperto. Você poderia pegar um pouco de esperteza dele!*

Scheibenglotzer *s. pl.*
QUATRO-OLHOS (*lit.* OBSERVADOR DE VIDRAÇA)

—*Seit Harry Potter sind die **Scheibenglotzer** angesagt. Hab mir schon überlegt, 'ne Brille aus Fensterglas zu kaufen!* • *Com o sucesso de Harry Potter, é fashion ser quatro-olhos. Estou pensando em comprar uns óculos sem grau!*

Scheiß *sm.*
Mach keinen Scheiß! *loc.*
NÃO FAÇA BOBAGEM!

—*Lass das!* **Mach keinen Scheiß!** *Lohnt doch nicht!* • *Deixe pra lá! Não faça bobagem, não vale a pena!*

Scheiß- *pref.*
DE MERDA

Scheiß- funciona como um prefixo pejorativo. Por exemplo: **das ist mir scheißegal** (não me importo com essa coisa de merda), **Scheißgegend** *sf.* (bairro de merda), **Scheißprogramm** *sn.* (programa de merda) etc.

Scheiße *sf.*
1 Scheiße! *interj.*
MERDA!

—*So, liebe Leute, heute schreiben wir einen unangekündigten Vokabeltest!* // **Scheiße!** • *Bem, meus caros, hoje vamos ter uma prova surpresa de vocabulário!* // *Merda!*

2 Scheiße bauen *loc.*
FAZER MERDA, BOBAGEM, ESTUPIDEZ

—*Warum haben sie den denn eingelocht?* // *Der hat eine* **Scheiße** *nach der andern* **gebaut**. *Am Ende kam er vor den Jugendrichter!* • *Por que foi preso?* // *Por fazer uma estupidez atrás da outra. No fim, teve que comparecer ao juizado de menores!*

3 in der Scheiße stecken *loc.*
ESTAR NA MERDA, ENCRENCADO, TER UM PROBLEMA, UM PROBLEMÃO

—*Jetzt* **stecken** *wir ganz schön* **in der Scheiße**. *Weiß gar nicht, wie wir da wieder rauskommen sollen!* • *Estamos encrencados… Não sei como vamos sair desta!*

4 jdm steht die Scheiße bis zum Hals *loc.*
ESTAR QUEBRADO, FALIDO, NA MERDA, COM A CORDA NO PESCOÇO

—*Nachdem sein Tatooladen pleiteging,* **steht ihm die Scheiße bis zum Hals**. *Überall steht er in den Miesen und seine Kumpels machen Stress, weil sie die Knete sehen wollen!* • *Depois que seu estúdio de tatuagens quebrou, ele está na merda. Não tem um puto e seus funcionários querem ver a grana!*

schießen *v.*
1 Schieß los! *loc.*
DIGA! CONTE! DESEMBUCHE!

—*Wie war deine Prüfung?* **Schieß** *endlich* **los!** • *Como foi a prova? Ande, conte!*

2 zum Schießen sein *loc.*
HILÁRIO, DIVERTIDO, ENGRAÇADO

—*Das* **ist** *echt* **zum Schießen**, *voll lolig!* • *É hilário, engraçado demais!*

schiffen *v.*

1 MIJAR

—*Ich hab'n Druck auf der Blase. Geh' mal eben **schiffen**!* • Estou com a bexiga cheia, vou mijar!

TAMBÉM SÃO COMUNS OS VERBOS DILLERN E STRULLEN

2 CAIR O MUNDO, CHOVER CANIVETE, CHOVER A CÂNTAROS

—*Das **schifft** schon seit Tagen.* • Está caindo o mundo há dias.

Schimmer *sm.*
keinen blassen Schimmer haben *loc.*

NÃO TER A MENOR IDEIA, NEM DESCONFIAR

—*Piet macht zwar immer auf Checker, aber in Wahrheit **hat** er **keinen blassen Schimmer**.* • Piet sempre dá uma de sabe-tudo, mas na verdade ele não faz a menor ideia de nada.

Também podemos dizer: **nicht die leiseste Ahnung haben**, **k. A. (keine Ahnung)**, **Blub!** etc.

Schiss *sm.*
1 Schiss haben *loc.*

CAGAR-SE DE MEDO, MORRER DE MEDO

—*Als dieser Schrank da auf mich zukam, da **hatte** ich plötzlich doch **Schiss**!* • Quando vi aquele grandalhão vindo em cima de mim, me caguei de medo!

Também existe a expressão **geht der Arsch auf Grundeis**.

2 Schiss kriegen *loc.*

FICAR COM MEDO

—*So schnell **krieg'** ich keinen **Schiss**, aber als er aufstand, wurd's mir dann doch mulmig!* • Não fico com medo assim tão fácil, mas, quando ele se levantou, meus joelhos começaram a tremer!

3 Schisser/in *s.*

BUNDÃO, MEDROSO

—*Er ist und bleibt ein **Schisser**. Der macht sich wegen jedem Furz ins Hemd!* • Ele é e continuará sendo um bundão. Por qualquer coisa, se caga de medo!

schlampen *v.*

FAZER GAMBIARRA, NAS COXAS, MALFEITO

—*Die Brücke ist eingestürzt, weil die Baufirma voll **geschlampt hat**. Zum Glück ist niemandem etwas passiert!* • A ponte caiu porque a construtora fez tudo nas coxas. Ainda bem que não aconteceu nada com ninguém.

Schlauch *sm.*
auf dem Schlauch stehen *loc.*
ESTAR TRAVADO

—*Hilf mir mal eben, ich komm' nicht weiter! Ich steh' grade voll auf dem Schlauch!* • *Você me ajuda? Não sei como continuar! Estou totalmente travado!*

schlauchen *v.*
1 CANSAR, EXTENUAR, ESGOTAR

—*Malochen auf dem Bau ist ganz schön anstrengend, aber das Nichtstun schlaucht auch.* • *Trabalhar na construção é bem duro, mas não fazer nada também cansa.*

2 VIVER ÀS CUSTAS, SER SANGUESSUGA, SUGAR

—*Schluss mit Schlauchen! Ich bin doch nicht die Bank!* • *Chega de me sugar, que não sou um banco!*

Schleimi, Schleimbeutel *sm.*
PUXA-SACO, BABA-OVO

—*Er ist so ein Schleimbeutel, dass noch nicht mal die Lehrer ihn aushalten.* • *É tão puxa-saco que nem os professores suportam ele.*

schloten *v.*
FUMAR

—*Endlich Pause! Geh'n wir eine schloten.* • *Finalmente um intervalo! Vamos fumar um cigarro?*

Schluckspecht *sm.*
ESPONJA, BEBERRÃO

—*Lad den Schluckspecht bloß nicht zur Party ein. Der säuft uns alles weg!* • *Não o convide pra festa. Ele é uma esponja, vai beber tudo!*

schmeißen *v.*
1 den Laden schmeißen *loc.*
TOCAR, ADMINISTRAR, CUIDAR

—*Seitdem die den Laden schmeißt, läufts viel besser!* • *Desde que ela toca o bar, tudo vai muito melhor!*

2 eine Runde schmeißen *loc.*
PAGAR UMA RODADA

—*Die Runde schmeiß' ich, schließlich hab ich grad' meinen Führerschein bestanden!* • *Eu pago esta rodada, acabei de tirar a carteira de motorista!*

Schmiere (stehen) *loc.*
FICAR DE OLHO, VIGIAR

—*Während wir einsteigen und die Klassenarbeiten klauen, steht ihr Schmiere! Wenn jemand kommt, pfeift ihr „Freude schöner Götterfunken"!* • *Enquanto nós entramos e roubamos as provas, vocês ficam de olho! Se alguém aparecer, assobiem o Hino à Alegria!*

schmieren *v.*

1 COMPRAR, SUBORNAR, MOLHAR A MÃO

—*Die Baufirmen **haben** die Politiker **geschmiert**, um an die Aufträge zu kommen! Als das rauskam, mussten alle ihren Hut nehmen!* • *As construtoras molharam a mão dos políticos para conseguir os contratos! Quando descobriram, todos foram demitidos!*

2 jdm Honig/Brei um den Mund/Bart schmieren *loc.*

PUXAR O SACO, LAMBER O CU

—*Wenn die **dir** so **Honig um den Mund schmiert**, will die was von dir. Sei' bloß auf der Hut!* • *Quando ela puxa o saco desse jeito, é porque quer alguma coisa de você. Fique atento!*

Schnabel *sm.*

den Schnabel halten *loc.*

FECHAR O BICO, CALAR A BOCA

—*Mein Schädel! **Halt** doch endlich **den Schnabel**!* • *Que dor de cabeça! Cale a boca de uma vez por todas!*

schnallen *v.*

ENTENDER, SACAR

—*Endlich **hat** Boris **geschnallt**, dass ich nichts von ihm will.* // *Das wurde auch Zeit!* • *Finalmente Boris entendeu que não quero nada com ele.* // *Já era hora!*

Schnauze *sf.*

1 Schnauze!, Halt die Schnauze! *loc.*

CALE A BOCA! FECHE O BICO!

—*Bist du etwa nicht mehr mit Nicole zusammen?* // ***Schnauze!** Darüber möchte ich nicht reden.* • *Você não está mais com a Nicole?* // *Cale a boca! Não quero falar disso.*

2 die Schnauze (gestrichen) voll haben *loc.*

ESTAR DE SACO CHEIO, ESTAR ATÉ AQUI

—*Von meiner Maloche **hab** ich **die Schnauze gestrichen voll**.* • *Estou de saco cheio do trabalho.*

3 jdm die Schnauze polieren *loc.*

QUEBRAR A CARA DE ALGUÉM

—*Wenn du so weitermachst, wird **dir** irgendwann einer mächtig **die Schnauze polieren**.* • *Se continuar assim, um dia alguém vai quebrar a sua cara direitinho.*

schnuppe (sein), schnurz (sein) *loc.*

NÃO ESTAR NEM AÍ, NÃO INTERESSAR, NÃO LIGAR, CAGAR E ANDAR

—*Hannah kommt auch mit zum Eislaufen.* // *Ist mir doch **schnuppe**.* • *Hannah também vem patinar no gelo.* // *Não estou nem aí.*

Schotter *sm.*
GRANA, GAITA, DINHEIRO

—*Die wissen gar nicht, wohin mit ihrem **Schotter**. Jetzt haben sie Jörn zum 18. einen Porsche geschenkt!* • *Eles não sabem o que fazer com tanta grana. Deram um porsche para Jörn, que fez 18 anos!*

Schraube *sf.*
eine Schraube locker haben *loc.*
TER UM PARAFUSO A MENOS, SER XAROPE

—*Die ganze Familie hat **eine Schraube locker**. Da ist einer bescheuerter als der andere!* • *A família toda tem um parafuso a menos. É um mais maluco que o outro!*

> Outras maneiras de dizer que alguém é maluco: **eine Mecke haben, einen Sprung in der Schlüssel haben, einen Schuss haben, nicht alle Tassen im Schrank haben, nicht ganz dicht sein, spinnen, ein Rad abhaben, durchgeschossen sein, nicht richtig ticken, einen Knall haben** etc.

Schreckschraube *sf.*
TRIBUFU, BARANGA
(só para mulheres)

—*Diese **Schreckschraube** kommt zum Glück nicht mit auf die Skifreizeit.* • *Ainda bem que aquela baranga não vem esquiar com a gente.*

Schuppen *sm.*
BOTECO

—*Fetter **Schuppen**!* • *Que boteco legal!*

Schuss *sm.*
sich einen Schuss setzen *loc.*
INJETAR, DROGAR-SE

—*Ich würd' mir nie **einen Schuss setzen**. Ich kipp' ja schon um, wenn ich nur 'ne Spritze sehe!* • *Eu não seria capaz de injetar. Desmaio só de ver uma seringa!*

Schwanz *sm.*
PINTO, PAU, ROLA

—*Als Kind haben sie mich immer gehänselt, von wegen kleinem **Schwanz**.* • *Quando eu era menor, as pessoas riam porque meu pinto era pequeno.*

> Como em quase todos os idiomas, as maneiras de se referir ao membro viril em alemão também são as mais variadas: **Ding** *sn.*, **Gerät** *sn.*, **Gurke** *sf.*, **Lümmel** *sm.*, **Pimmel** *sm.*, **Flinte** *sf.*, **Teil** *sm.* são algumas delas.

Schwanzlutscher *sm.*
GAY, VEADO (lit. CHUPA-ROLA)

—*Jochen ein **Schwanzlutscher**? Das hab ich doch immer schon geahnt.* • *Jochen é gay? Eu já imaginava.*

Schwanzmütze *sf.*
CAMISINHA

—*Die Aidshilfe hat mal wieder umsonst **Schwanzmützen** verteilt. Da hab ich für euch alle welche mitgebracht!* • *O pessoal do grupo de ajuda contra a aids distribuiu camisinhas grátis de novo. Trouxe algumas para vocês!*

schwedische Gardinen *adj. + sf. pl.*
hinter schwedischen Gardinen sitzen *loc.*
ENTRAR EM CANA, ESTAR NO XADREZ, NO XILINDRÓ

—*Sebastian **sitzt** jetzt wegen Bankraub **hinter schwedischen Gardinen**!* • *Sebastian entrou em cana por roubar um banco.*

Schwedischen Gardinen significa literalmente "cortinas suecas", em referência às grades da cadeia, talvez em alusão à violência dos suecos durante a Guerra dos Trinta Anos. Mas o mais provável é que aluda ao aço importado da Suécia, que tinha fama de ser de boa qualidade.

TAMBÉM DIZEMOS KNAST

Schwein *sn.*
1 kein Schwein *loc.*
NEM DEUS, NEM CRISTO

—*Ich mach' jetzt die Biege! Ich erzähl' euch was und **kein Schwein** hört zu!* • *É de matar! Estou falando e nem Deus me escuta!*

2 Schwein haben *loc.*
TER SORTE, DAR SORTE

—*Da **haben** wir vielleicht **Schwein** gehabt!* • *Demos uma puta sorte!*

Schwuchtel *sf.*
MARICA, VEADO, BICHA, *GAY*

—*Als die „**Schwuchteln**" zu uns sagten, wurden wir immer ganz sauer. Jetzt geht's uns am Arsch vorbei!* • *Quando nos chamavam de "bichas", ficávamos putos. Agora não estamos nem aí!*

Elfenkönig *sm.* (*lit.* rei dos elfos) ou **warmer Bruder** *loc.* são duas expressões alternativas e mais neutras para **Schwuchtel**.

schwul *adj.*
BICHA, MARICA, VEADO, *GAY*

—*Ich bin **schwul** und das ist auch gut so.* • *Sou veado, e com orgulho.*

Senf *sm.*
seinen Senf dazugeben *loc.*
SER INTROMETIDO, ENXERIDO, ABELHUDO

—*Musst du überall **deinen Senf dazugeben**?* • *Por que você é tão enxerido?*

Socke *sf.*
1 sich auf die Socken machen *loc.*
IR EMBORA, VAZAR, MANDAR-SE

—*Morgen müssen wir früh raus, wir machen **uns** mal **auf die Socken**!* • *Amanhã temos que acordar cedo, é melhor a gente vazar!*

2 von den Socken sein *loc.*
FICAR CHOCADO, EM CHOQUE, BESTA

—*Als die auftauchten, **war** ich total **von den Socken**. Damit hätt' ich überhaupt nicht gerechnet!* • *Quando apareceram lá, fiquei em choque. Por essa eu não esperava!*

Spanner *sm.*
VOYEUR, OLHO COMPRIDO

—*Dieser **Spanner** start mir die ganze Zeit auf die Titten. // Komm, lass uns geh'n, ich hab eh die Schnauze voll von den Typen in diesem Loch hier.* • *Ele fica de olho comprido nos meus peitos o tempo todo. // Vamos embora, estou farta dos homens deste boteco.*

Spaßbremse *sf.*
DESMANCHA-PRAZERES, ESTRAGA-PRAZERES, QUEBRA-CLIMA

—*Ich hoffe, Karsten kommt nicht. Der ist eine **Spaßbremse**!* • *Tomara que Karsten não venha. Ele é um quebra-clima!*

spitzkriegen *v.*
DESCOBRIR, FICAR SABENDO

—*Halt bloß dicht! Wenn die das **spitzkriegen**, sind wir geliefert!* • *Não abra o bico! Se descobrirem, estamos fodidos!*

splitternackt, splitterfasernackt *adj.*
PELADO, NU

—*Die beiden haben wir **splitterfasernackt** im Auto überrascht. Und das bei dieser Saukälte, die haben sich doch den Arsch abgefroren.* • *Pegamos os dois pelados no carro. Com o frio que estava, devem ter congelado a bunda.*

Sprung *sm.*
1 auf dem Sprung sein *loc.*
ESTAR DE SAÍDA

—*Ich hab jetzt keine Zeit, **bin** grade **auf dem Sprung**. Morgen ruf' ich dich zurück!* • *Agora não dá tempo, estou de saída. Amanhã eu te ligo!*

2 auf einen Sprung vorbeikommen *loc.*
DAR UMA PASSADINHA

—*Willst du nicht **auf 'nen Sprung vorbeikommen**? Wär doch geil, uns mal wieder kurz zu sehen!* • *Não quer dar uma passadinha em casa? Seria legal nos vermos um pouco!*

Spucke *sf.*
jdm bleibt die Spucke weg *loc.*
FICAR CHOCADO, EM CHOQUE, BESTA

—*Das ist ja der Hammer, da **bleibt mir** ja echt die **Spucke weg**. Da fällt mir nix mehr zu ein!* • *Caralho! Fiquei besta, nem sei o que dizer!*

Spur *sf.*
neben der Spur sein *loc.*
ESTAR DISTRAÍDO, MEIO AVOADO

—*In letzter Zeit **bin** ich etwas **neben der Spur**.* • *Ando meio avoado ultimamente.*

Stammfreier *sm.*
CLIENTE FIXO (de uma prostituta)

—*Dann kam raus, dass sein Alter **Stammfreier** bei einer dieser Nutten war, die sie bei der Razzia hopsnahmen. Und dabei ist der doch selbst Bulle!* • *Descobriram que o pai dele era cliente fixo de uma dessas putas que haviam sido detidas em uma blitz. E isso porque ele é da polícia!*

Steifer, Ständer *sm.*
einen Steifen bekommen, einen Steifen haben *loc.*
FICAR DE PAU DURO

—*Am Strand **einen Steifen bekommen** kommt nicht gut.* • *Ficar de pau duro na praia é de foder.*

stiften gehen *loc.*
IR EMBORA, VAZAR, CAIR FORA, SAIR DE FININHO

—*Montag haben wir in der letzten Stunde Musik. **Gehen** wir **stiften**? Der merkt eh nix!* • *Música é nossa última aula na segunda. Vamos sair de fininho? Ele nem vai ficar sabendo!*

Stinkefinger *sm.*
SINAL DE "VAI TOMAR NO CU", O DEDO DO MEIO

stink- é usado como prefixo intensificador de adjetivos: **stinklangweilig** (superentediado), **stinknormal** (supernormal), **stinksauer** (superaborrecido), **stinkreich** (super-rico) etc.

Stirb langsam! *interj.*
SAÚDE! QUE DEUS O ABENÇOE!

Interjeição coloquial (*lit.* morra devagar!) para desejar melhoras à pessoa que espirrou. Tem origem no filme *Duro de Matar*, que foi traduzido para o alemão como *Stirb langsam*.

—*Hatschiiieee!* // ***Stirb langsam!***
• Atchim! // Saúde!

Stornokarte *sf.*
1 die Stornokarte kriegen *loc.*
TERMINAR (UM RELACIONAMENTO) (*lit.* OBTER O CARTÃO DE CANCELAMENTO)

—*Es ist bitter, nach fünf Jahren **die Stornokarte** zu **kriegen**!* • É duro terminar depois de cinco anos!

Strich *sm.*
1 auf den Strich gehen *loc.*
RODAR BOLSINHA

—*Die sieht ja aus, als würd' sie **auf den Strich geh's**.* • Essa aí se veste de um jeito que parece que vai rodar bolsinha.

2 gegen den Strich gehen *loc.*
IRRITAR, DEIXAR PUTO

—*Was dem Chef am meisten **gegen den Strich ging**, war, dass er dauernd unterbrochen wurde.* • O que deixou o chefe mais puto foi que interromperam ele o tempo todo.

3 nach Strich und Faden *loc.*
PRA CARAMBA, MUITO, DEMAIS

—*Er hat uns **nach Strich und Faden** angelogen. Ich glaub' ihm in Zukunft kein Wort.* • Ele mentiu pra caramba. A partir de agora não acredito em mais nada!

4 nur ein Strich in der Landschaft *loc.*
ESTAR PURO OSSO, MAGÉRRIMO

—*Keine Ahnung, ob sie ein Essproblem hat. Jedenfalls ist sie **ein Strich in der Landschaft**!* • Não sei se ela tem distúrbio alimentar. De qualquer maneira, está puro osso!

Stricher *sm.*
PUTO, MICHÊ, GAROTO DE PROGRAMA

—*Die **Stricher** wurden vom Bahnhof vertrieben und sind jetzt im Stadtpark.* • Expulsaram os garotos de programa da estação de trem, e agora eles ficam no parque municipal.

Suff *sm.*
BÊBADO, MAMADO, DE FOGO, DE PILEQUE

—*Im **Suff** hat er dann im Graben geparkt und blieb da liegen, bis er seinen Rausch ausgeschlafen hatte! Am nächsten Morgen rief er dann den Abschleppdienst an!* • Estava dirigindo bêbado, estacionou na canaleta e dormiu até curar a bebedeira! No dia seguinte, chamou o guincho.

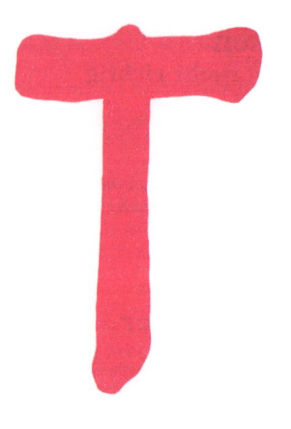

tanken *v.*
ABASTECER

—*Ich bin noch nicht müde und unterhopft bin ich auch noch! Lass uns noch was **tanken** gehen!* • *Ainda não estou com sono e estou morrendo de vontade de tomar uma cerveja! Vamos abastecer!*

Tante *sf.*
MULHER, GAROTA, MINA

—*Was willst du von der **Tante**? Die labert wie ein Wasserfall und nervt nur rum.* • *O que você está fazendo com essa mina? Ela não para de falar e é mais chata que pão sírio.*

Tasse *sf.*
nicht alle Tassen im Schrank haben *loc.*
TER UM PARAFUSO A MENOS, SER XAROPE (*lit.* NÃO TER TODAS AS XÍCARAS NO ARMÁRIO)

—*Wenn das dein Ernst ist, dann **hast du** doch echt **nicht mehr alle Tassen im Schrank**! Wie kommst du auf so'n Wahnsinn?* • *Se estiver falando sério, é porque tem um parafuso a menos! Como pode dizer uma bobagem dessas?*

Tastenhengst *sm.*
GEEK (*lit.* GARANHÃO DO TECLADO)

—*Franky ist voll der **Tastenhengst**. Wenn du ein Problem mit deiner Kiste hast, ist er die erste Adresse!* • *Franky é um geek. Se tiver algum problema com o PC, ele é a solução!*

taugen *v.*
SER DEMAIS, SER FODA

—*Diese Sonnenbrille! Taugt!* • *Esses óculos de sol são demais!*

Teil *sm. ou sn.*
PARTES, DOCUMENTOS, PUDORES, ÓRGÃOS SEXUAIS

—*Das ist zwar 'n FKK-Strand, aber dein **Teil** musst du trotzdem nicht so zur Schau stellen!* • *Embora seja uma praia de nudismo, não precisa ficar exibindo tanto suas partes!*

Teppich sm.
1 auf dem Teppich bleiben loc.
NÃO VIAJAR NA MAIONESE, MANTER OS PÉS NO CHÃO

—*Bleib auf dem Teppich!* Nur weil du jetzt einen Preis gewonnen hast, bist du noch kein Star-Fotograf! • *Não viaje na maionese!* Só porque acabou de ganhar um prêmio, você ainda não é nenhum fotógrafo famoso!

2 unter den Teppich kehren loc.
VARRER PARA DEBAIXO DO TAPETE, ESCONDER

—*Die Journalistin hat Mumm! Die lässt nicht zu, dass sie diesen Skandal unter den Teppich kehren!* • Essa jornalista tem colhões! Não deixa que varram esse escândalo para debaixo do tapete!

texten v.
TAGARELAR, FALAR DEMAIS, PELOS COTOVELOS

—*Mir brummt der Kopf. Der textet mal wieder ohne Ende.* • Minha cabeça vai explodir. Ele não para de tagarelar.

ticken v.
nicht mehr richtig ticken loc.
NÃO BATER BEM DA BOLA, ESTAR LOUCO

—*Mit mir ins Schwimmbad? Der tickt doch nicht mehr richtig!* • Quer que eu vá com ele à piscina? Mas ele não bate bem da bola mesmo!

Ticketficker sm.
FISCAL (lit. FILHO DA PUTA DAS PASSAGENS)

—*Einmal ohne Fahrschein und dann zieht mir der Ticketficker 40 € aus der Tasche. Jetzt bin ich blank für den Rest des Monats.* • Viajei uma vez sem passagem, e o fiscal me tirou 40 € do bolso. Agora estou sem grana até o fim do mês.

Titten sf. pl.
PEITOS, SEIOS

—*Wegen diesem Günther will sie ihre Titten vergrößern lassen. Die spinnt doch!* • Por causa desse Günther, ela quer aumentar os peitos. Está louca!

ANOTE ESTES SINÔNIMOS: BÜSEN, GLOCKEN, HUPEN, MOPSE, OBERWEITE, VORBAU...

tote Hose loc.
PARADO, MORTO (uma festa, um bar) (lit. CALÇA MORTA)

—Total **tote Hose** hier. Lass woanders hin! • Isto aqui está parado. Vamos pra outro lugar!

trampen v.
PEDIR CARONA

—Als diese Scheiß-Kiste liegen blieb, mussten wir ins nächste Kaff **trampen**. Zum Glück hat uns gleich eine mitgenommen! • Quando esta merda de carro nos deixou na mão, tivemos que pedir carona até a cidade mais próxima. Ainda bem que alguém parou logo!

treiben v.
es mit jdm treiben loc.
TRANSAR, FAZER SEXO

—Wenn er könnte, würd' er's **mit jeder treiben**. • Se pudesse, esse aí transaria com todas.

Trottel sm.
IMBECIL, IDIOTA, IGNORANTE

—Dieser Typ ist peinlich. // Der ist ja auch ein **Trottel**. • Esse sujeito é patético. // Sim, é um imbecil.

Tschüss, Tschüssikowski interj., tschüssen v.
TCHAU, ADEUS, ATÉ LOGO

—**Tschüssikowski**, bis morgen! // Hau rein, Atze! • Tchau, até amanhã! // Até logo, cara!

Tunte sf.
GAY, VEADO, BICHA

—Immer wenn ich mit **Tunten** feiern geh, hab ich übelst Spaß. • Sempre que saio com gays, me divirto muito.

turbo adv.
DEPRESSA, VOANDO

—Pesen wir mal **turbo** zur Party. Wir kommen mal wieder megaspät! • Vamos pra festa voando. Chegaremos supertarde mais uma vez!

Tussi sf.
SUJEITINHA, MINA

—Vergiss diese **Tussi**! • Esqueça essa sujeitinha!

Tüte sf.
1 eine Tüte bauen loc.
APERTAR UM BASEADO

—Du hast Dope? Dann lass' uns mal **'ne Tüte bauen**! • Você tem erva aí? Então vamos apertar um baseado!

2 Das kommt nicht in die Tüte! loc.
NEM PENSAR, NEM FODENDO

—Am Montag Abi-Prüfung und morgen wollt ihr aufs Konzert? **Das kommt nicht in die Tüte!** • Vocês prestam vestibular na segunda e querem ir ao show amanhã? Nem pensar!

DASS ZWISCHEN DEN BEIDEN WAS AM LAUFEN IST, DAS HAB'ICH IM URIN. MORGEN WIRST DU SCHON SEHN, DASS ICH RECHT HATTE! · EU JÁ DESCONFIAVA QUE HAVIA ALGO ENTRE ELES. AMANHÃ VOCÊ VAI VER QUE EU TINHA RAZÃO!

Ü30 *abrev.*
(über 30 Jahre)
FESTA PARA MAIORES DE 30 ANOS

—*Geh' bloss nicht auf die Party von Hans. Da triffst du nur Fuzzys Ü30.* • *Não vá à festa de Hans. Lá todos têm mais de 30.*

übel *adj.*
gar nicht so übel *loc.*
NADA MAL, NÃO TÃO RUIM ASSIM

—*Erst wollte ich das Sushi überhaupt nicht probieren, aber dann war's gar nicht mal so übel.* • *No começo eu nem queria provar sushi, mas depois vi que não é tão ruim assim.*

übelst *superlativo de übel*
BASTANTE, SUPER

—*Richard Avedon Fotos sind übelst krass. Gönn dir die Ausstellung!* • *As fotos de Richard Avedon são superlegais. Você precisa ver a exposição!*

> **übelst** serve de advérbio intensificador: **übelst krass** (superlegal), **übelst schwer** (superforte) etc.

überdreht *adj.*
QUE PASSOU DOS LIMITES, QUE SE EXCEDEU

—*Beruhig dich mal ein bisschen! Du bist voll überdreht.* • *Se acalme um pouco! Você está passando dos limites.*

Überzieher *sm.*
CAMISINHA

—*Ohne Überzieher bumsen ist total bescheuert.* • *Transar sem camisinha é loucura.*

Ufer *sn.*
vom anderen Ufer sein *loc.*
SER *GAY*, JOGAR NO OUTRO TIME

—*Dieser Designer-Fritze ist doch vom anderen Ufer! Das seh' ich dem doch an der Nase an.* • *Esse designer é gay, né? Dá pra ver de cara.*

Uhr *sf.*
rund um die Uhr *loc.*
O DIA TODO, 24 HORAS POR DIA

—*Ist doch schon zu spät, um da aufzutauchen.* // *Quatsch, bei denen ist Halligalli* **rund um die Uhr**. • *É muito tarde para aparecermos lá.* // *Que nada! Na casa dele, a farra dura 24 horas por dia.*

ulfen *loc.*
VOMITAR, PÔR TUDO PARA FORA

—*Was* **hab** *ich* **geulft** *letzte Nacht! Die Lasagne lag mir so schwer im Magen, war ich froh, als sie wieder draußen war!* • *Vomitei demais ontem à noite! A lasanha me caiu mal, e só fiquei bem na manhã seguinte, depois de pôr tudo pra fora!*

Também dizemos **den Ulf rufen, den Jörg rufen, kübeln, brechen, speien** etc.

ultrakrass *adj.*
DEMAIS, FODA, DO CARALHO

—**Ultrakrass**, *deine neue Haarfarbe!* • *Essa cor que você pintou o cabelo é do caralho!*

umhauen *v.*
PIRAR, ADORAR

—*Der Film* **hat** *mich* **umgehauen**. • *Pirei com aquele filme.*

umlegen *v.*
MATAR

—*Am Ende vom Film werden alle* **umgelegt**. • *No fim do filme, matam todo mundo.*

Também podemos dizer: **jdm abmurksen, jdn erledigen, jdn kaltmachen, jdn killen** ou **jdn um die Ecke bringen**.

umme (für) *loc.*
GRÁTIS, DE GRAÇA

—*Du glaubst es nicht, aber das Konzert ist* **für umme**. *Sonst kosten die Karten in diesem Saal mindestens 30 €!* • *Você não acredita! O show é grátis. Normalmente os ingressos dessa sala custam pelo menos 30 €!*

É MUITO COMUM DIZER TAMBÉM **FÜR LAU**

umnieten *v.*
MATAR

—*Ich glaub, mein Neffe muss mal zum Psychiater. Immer wenn ich da auftauche, zieht er seine Spielzeugknarre und will mich* **umnieten**. • *Acho que meu sobrinho precisa ir ao psiquiatra. Sempre que vou ver ele, ele pega a escopeta de brinquedo e quer me matar.*

ungeil *adj.*
UMA MERDA, UMA BOSTA, UMA DROGA

—*Kauf' dir bloß nicht seinen neuesten Roman. Der ist vollkommen **ungeil**.* • *Não compre o último livro dele. É uma merda.*

unplugged *adj.*
DE CARA LIMPA, DE CARA LAVADA, SEM MAQUIAGEM

—*Was für ein Schock, als ich sie am Morgen drauf **unplugged** sah!* • *Tomei um susto quando vi ela de manhã de cara lavada!*

unterbelichtet *adj.*
MEIO BURRO, TOLO, LERDO

—*Der ist sowas von **unterbelichtet**.* • *Esse aí é meio lerdo.*

unterbuttern *v.*
XINGAR

—*Mach endlich mal das Maul auf. Deine Chefin hat dich lang genug **untergebuttert**!* • *Vá dizer alguma coisa pra sua chefe, que ela já xingou ele o bastante!*

unterhopft sein *loc.*
TER VONTADE DE TOMAR UMA CERVEJA

—*Schmeiß' mal 'ne Pulle Bier rüber. Ich bin schon übelst **unterhopft**!* • *Passe uma garrafa! Estou morrendo de vontade de tomar uma cerveja!*

unterjubeln *v.*
jdm etwas unterjubeln *v.*
LARGAR ALGO NAS COSTAS DE ALGUÉM

—*Meine Schwester will **mir** im August zwei Wochen lang ihre Kinder **unterjubeln**.* • *Minha irmã quer largar os filhos dela nas minhas costas em agosto, por duas semanas.*

Urin *sm.*
etwas im Urin haben *loc.*
INTUIR, DESCONFIAR, SUSPEITAR, SENTIR O CHEIRO

—*Dass zwischen den beiden was am Laufen ist, **das hab** ich **im Urin**.* • *Eu já desconfiava que havia algo entre eles.*

Uschi *sm. e sf.*
1 AMIGO, CARA, MEU CHAPA

—*Hey **Uschi**, was geht? // Alles Klar, Kumpel!* • *Ei, meu chapa, como vai? // Tudo bem, cara!*

2 MULHER CHATA

—*Was für 'ne **Uschi**! Die nervt ja ohne Ende!* • *Nossa, que mulher chata! É insuportável.*

V

veräppeln *v.*
TIRAR UM SARRO, ZOAR

—*Glaubst du mir's jetzt endlich, wo du's mit eigenen Augen siehst, dass der dich nur **veräppelt** hat!* • *Agora que está vendo com seus próprios olhos, acredita que ele estava zoando você?*

Outras maneiras de dizer o mesmo: **verarschen, verschaukeln, verscheißern** etc.

verarschen (jdn) *v.*
TIRAR, ZOAR, BRINCAR, SACANEAR

—*Du ziehst nach Shanghai? Du willst mich wohl **verarschen**, oder was?* • *Você vai morar em Xangai? Está me tirando!*

verballern *v.*
TORRAR TUDO, GASTAR TUDO

—*Der hat seinen Alten 150 € gerippt und alles in einer Nacht **verbraten**!* • *Pegou 150 € dos pais e torrou tudo em uma noite!*

TAMBÉM DIZEMOS VERBRATEN E VERPRASSEN

verbrennen *v.*
sich das Maul/den Mund verbrennen *loc.*
DAR BOLA FORA, DAR UM FORA (*lit.* QUEIMAR A BOCA)

—*Wenn ich gewusst hätte, dass die keinen Schimmer davon haben, hätte ich die Klappe gehalten.* // *Ja, damit hast du **dir** ganz schön **das Maul verbrannt**!* • *Se eu soubesse que eles não faziam ideia, teria me calado.* // *Sim, você deu uma baita bola fora!*

verbummeln *v.*
1 PERDER

—*Wie oft **hast** du dein Handy jetzt schon **verbummelt**? Ich hab hier insgesamt fünf Nummern von dir gespeichert!* • *Quantas vezes você já perdeu o celular? Ao todo, tenho cinco números seus gravados!*

2 ESQUECER

—*Hattest du nicht heute den Termin beim Anwalt? // Scheiße! Das **hab** ich total **verbummelt**.* • *Você não tinha uma reunião com o advogado hoje? // Merda! Esqueci completamente.*

verdrücken *v.*
1 etwas verdrücken *loc.*
COMER DEMAIS

—*Der kann was **verdrücken**. Das ist schon die zweite Pizza, die er weghaut!* • *Ele come demais! Já é a segunda pizza que traça!*

2 sich verdrücken *loc.*
VAZAR, MANDAR-SE, CAIR FORA, DAR O FORA

—*Als es dann ernst wurde, **hab'n** sie **sich verdrückt**.* • *Quando a coisa ficou feia, eles vazaram.*

verduften *v.*
VAZAR, MANDAR-SE, CAIR FORA, DAR O FORA

—***Verdufte** endlich und lass mich in Ruh!* • *Se manda de uma vez, e me deixe em paz!*

> Um sinônimo: **sich verdünnisieren**

Verflixt und zugenäht! *interj.*
QUE SE FODA!
NÃO ESTOU NEM AÍ!

—*Das haut überhaupt nicht hin! **Verflixt und zugenäht** aber auch!* • *Isso não vai dar certo! Mas que se foda!*

vergeigen *v.*
ESTRAGAR TUDO, CAGAR

—*Er **hat** super über die Seite gedribbelt, aber dann mit dem Pass in die Mitte alles **vergeigt**.* • *Fez uma baita jogada pela lateral, mas depois cagou no centro.*

> Também podemos dizer: **verkacken, vermasseln, verschnitzeln** ou **versieben**.

verhökern, verscherbeln *v.*
VENDER A PREÇO DE BANANA, FAZER MAU NEGÓCIO

—*Selbst den Anhänger von ihrer Oma hat sie **verscherbelt**, so dringend brauchte sie Knete.* • *Estava tão mal de grana que vendeu até o medalhão da avó a preço de banana.*

verhunzen, verkacken, versauen *v.*
ACABAR COM ALGO, ESTRAGAR

—*Mit seinen bescheuerten Witzen hat er die ganze gute Stimmung **verhunzt**.* • *Estragou o clima com suas brincadeiras estúpidas.*

verknacken *v.*
CONDENAR

—*Der Typ hat tausende von Rentnern betrogen und wurde nur zu einem Jahr **verknackt**!* • *O cara roubou milhares de aposentados e foi condenado a apenas um ano de prisão!*

verkuppeln v.
BANCAR O CUPIDO, JUNTAR DUAS PESSOAS

—*Die Leute zu **verkuppeln** ist aus der Mode gekommen. Mit Internet, Chat und Kontaktseiten macht das gar keinen Sinn mehr.*
• Bancar o cupido está fora de moda. Com internet, chats e sites de encontros, não faz mais sentido.

vernaschen v.
TRANSAR, FAZER SEXO, LEVAR/IR PRA CAMA

—*Siehst du das Muskelpaket da drüben? Den hab ich letztes Jahr **vernascht**. // Ah echt, na dann mal herzlichen Glückwunsch.*
• Está vendo aquele marombado? Fui pra cama com ele no ano passado. // Sério? Meus parabéns.

verpeilt adj.
1 BAGUNÇADO, ATRAPALHADO

—*Miroslav ist übelst **verpeilt**. Ich kann mit ihm nicht arbeiten.*
• Miroslav é muito bagunçado. Não gosto de trabalhar com ele.

2 DISTRAÍDO, ESQUECIDO

—*Wie heißt die Braut da noch gleich? In letzter Zeit bin ich sowas von **verpeilt**!*
• Como diabos se chama essa menina? Ando muito esquecido ultimamente.

versifft adj.
SUJO, NOJENTO, UM LIXO

—*Dieser Laden ist übelst **versifft**.*
• Esse bar é nojento.

Vitamin B sn.
PISTOLÃO, PADRINHO, CONTATO, QI

—*Wie hat's der Nullchecker eigentlich in die Chefetage geschafft? // Mit **Vitamin B** natürlich. Er ist der Sohn vom Besitzer.*
• Como ele chegou a chefe? É mais tonto que sei lá o quê. // Por QI. Ele é filho do dono.

O B vem de **Beziehungen** (relações).

Von wegen! loc.
CLARO!

—*Morgen früh bist du um Punkt acht Uhr hier! // **Von wegen!***
• Amanhã de manhã quero você aqui às oito em ponto! // Claro!

vorglühen v.
FAZER O ESQUENTA ANTES DA BALADA

—*Ich komm zu dir nach Hause zum **Vorglühen**, o. k.? Ich hab nämlich keinen Pfennig mehr.*
• Passo na sua casa pro esquenta um pouco antes de sair, certo? Estou duro.

Waffel *sf.*
einen an der Waffel haben *loc.*
ESTAR MALUCO, XAROPE

—*Jetzt will der mit seiner scheiß Firma auch noch an die Börse. Der **hat** doch echt **einen an der Waffel**.* • *Agora ele quer que a empresa de merda dele entre na bolsa. Está maluco.*

Wahnsinn! *interj.*
DEMAIS! FODA! DO CARALHO!

—*Wie findest du diese roten Stiefel? // Echt **Wahnsinn**!* • *O que achou destas botas vermelhas? // Demais!*

Waldapotheker/in *s.*
FORNECEDOR (de drogas), TRAFICANTE (*lit.* FARMACÊUTICO FLORESTAL)

—*Ich muss meinen **Waldapotheker** treffen, ich hab kein Hasch mehr.* • *Tenho que falar com meu fornecedor, fiquei sem erva.*

Wanst *sm.*
sich den Wanst vollschlagen *loc.*
COMER PRA CARAMBA, EMPANTURRAR-SE

—*Wie war eure Familien-Party? // Voll Scheiße. Aber wenigstens **haben** wir **uns den Wanst vollgeschlagen**!* • *Como foi a festa de família? // Um pé no saco, mas pelo menos comemos pra caramba.*

WAS GEHT WAS GEHT AB? *loc.*
E AÍ?

—***Was geht**? // Alles klar, Alter!* • *E aí? // Qual é a boa?*

Waschlappen *sm.*
BUNDÃO, FROUXO

—*Ich mach kein Programm mit meinen Freunden, ohne vorher meine Alte zu fragen. // Was für ein **Waschlappen**!* • *Eu nunca faço planos com meus amigos sem antes falar com minha mulher. // Que frouxo!*

Wasser *sn.*
1 mit allen Wassern gewaschen sein *loc.*
SER BEM RODADO

—*Die schafft das. Die **ist mit allen Wassern gewaschen!*** • *Com certeza ele faz direitinho. É bem rodado!*

2 nah am Wasser gebaut sein *loc.*
SER SENSÍVEL

—*Was **bist** du **nah am Wasser gebaut**! Du flennst auch wegen jedem Scheiß …* • *Como você é sensível! Chora por cada bobagem…*

Watte *sf.*
jdn in Watte packen *loc.*
MIMAR

—*Die war schon zu Hause das Prinzesschen, alle **haben** sie **in Watte gepackt**!* • *Quando pequena, era a princesinha da casa: todos mimavam muito ela!*

Wecker *sm.*
jdm auf den Wecker gehen *loc.*
ENCHER O SACO, IRRITAR

—*Mach' mal das Radio leiser! Dieses Gesabbel **geht mir auf den Wecker**!* • *Abaixe o rádio! Tanta falação me irrita!*

wegflexen (jdn) *v.*
SURRAR, PEGAR DE PAU, SOCAR ALGUÉM

—*Dann kam dieses Muskelpacket und ohne ein Wort **hat** er ihn einfach **weggeflext**. Niemand weiß warum.* • *Então veio esse marombado, e sem uma palavra começou a socar todo mundo. Ninguém sabe por quê!*

weggetreten *adj.*
ESTAR NAS NUVENS, VIAJAR

—*Bei der Musik **ist** sie jedes Mal total **weggetreten**. Als hätte sie was weiß ich intus!* • *Cada vez que ouve essa música, fica viajando. É como se tivesse cheirado alguma coisa!*

sich wegklemmen, sich wegschalten *v. prnl.*
CAIR FORA, VAZAR

—*Sobald der Prof **sich** umdreht, **klemmen** wir uns hier **weg**!* • *Assim que o professor virar, vamos cair fora!*

wegpilsen *v.*
TOMAR UMA CERVEJA

—*Lass uns noch eins **wegpilsen**. Ich lade dich ein!* • *Vamos tomar uma cerveja? É por minha conta!*

wegstecken (einen) v.
TRANSAR, AFOGAR O GANSO, COMER ALGUÉM

—Endlich **hab** ich mal wieder **einen weggesteckt!** • Finalmente voltei a transar!

> Também podemos dizer: **sich einen runterholen, sich einen keulen, abmelken, daddeln, entsaften, fappen, Beppo hetzen, einhandsegeln**

Weichei sn.
BUNDÃO, TROUXA

—Dieses **Weichei** lässt sein Motorrad in der Garage, sobald es unter zehn Grad sind! • É um bundão mesmo. Quando faz menos de dez graus, não tira a moto da garagem!

Weichteile sm. ou sn., pl.
PARTES, PARTES BAIXAS

—Beim Fußballtraining gestern hat er einen Schuss voll in die **Weichteile** bekommen. Das tut ihm sicher noch weh. • Ontem, no treino de futebol, levou uma bolada nas partes baixas. Ainda deve estar doendo.

wichsen v.
BATER PUNHETA, BATER UMA BRONHA

—Wir sind echt die Loser! Alle andern ziehen hier mit den schärfsten Bunnys ab und wir müssen wie immer nach Hause und **wichsen**. • Somos uns losers! Todos os outros pegando as meninas mais bonitas, e nossa única chance é ir para casa e bater uma bronha.

Wohnklo sn.
BURACO, ESPELUNCA, LUGAR RUIM PARA MORAR

—Die Mieten hier sind wahnsinnig! Selbst für das kleinste **Wohnklo** zocken sie dir schon über 400 Euro ab. • Os aluguéis estão altíssimos! Por um buraco de merda, pedem mais de 400 euros.

Wurst sf.
1 um die Wurst gehen loc.
A HORA DA VERDADE, DA DECISÃO

—Leute, reißt euch zusammen! Hier im Endspiel **geht** es **um die Wurst!** • Pessoal, deem tudo de si! O jogo final é a hora da verdade!

2 Wurst sein loc.
NÃO ESTAR NEM AÍ, NÃO LIGAR

—Wenn du weiter so bummelst, schaffst du dein Abi nie! // Ehrlich gesagt **ist** mir das **Wurst**. • Se continuar vagabundeando, não vai passar no vestibular. // Pra ser sincero, não tô nem aí.

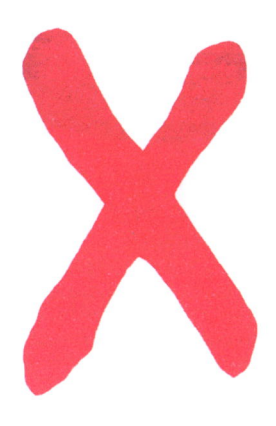

X
ein X für ein U vormachen *loc.*
LEVAR GATO POR LEBRE, ENGANAR

—*Das sind doch nicht die Originalscheiben, Alter! Du denkst wohl, du kannst mir **ein X für ein U vormachen**?* • *Estes não são os discos originais, cara! Você acha mesmo que vou levar gato por lebre?*

X-Beine *sn. pl.*
QUE TEM AS PERNAS EM FORMA DE X, PERNAS TORTAS

—*Claudia hat ein echt hübsches Gesicht, leider hat sie voll die **X-Beine**!* • *Claudia tem um rosto lindo, pena que tem as pernas tortas!*

x-beliebig *adj.*
QUALQUER

—*Das ist egal, du kannst jede **x-beliebige** Marke dafür nehmen!* • *Dá no mesmo, pode usar qualquer marca para isso!*

x-mal *adv.*
MIL VEZES, N VEZES

—*Ich hab's dir jetzt schon **x-mal** gesagt, dass mich dieses Getratsche nicht interessiert.* • *Já disse mil vezes que essas fofocas não me interessam.*

X-Mann *sm.*
PROFESSOR DE MATEMÁTICA

—*Unser neuer **X-Mann** hat's voll drauf. Mit dem bockt Mathe zum ersten Mal so richtig!* • *Nosso novo professor de matemática é fera. Pela primeira vez na vida adoro a matéria!*

X-mas *sn.*
NATAL

—*Happy **X-mas** und Grüße an den Weihnachtsmann!* • *Feliz Natal, e beijos pro Papai Noel!*

Zack *sm.*

1 auf Zack bringen *loc.*
FAZER FUNCIONAR

—*Unsere Schülerzeitung war voll lahmarschig. Aber diese neue Redaktion **hat** sie echt **auf Zack gebracht**.* • *Nossa revista escolar andava meio caída, mas a nova redação fez ela funcionar.*

2 auf Zack sein *loc.*
SER FERA, MUITO BOM EM ALGO

—*Meine Schwester **ist** auf **Zack**. Die gibt dir dreimal Nachhilfe und schon hast du den Durchblick!* • *Minha irmã é fera. Dá três aulas de revisão, e você já entende tudo!*

Zack, zack!, Zackig! *adv.*
ANDE! VAMOS! DEPRESSA!

—*Mensch sind wir spät! Jetzt aber **zack zack**, sonst fährt die Bahn ohne uns!* • *Nossa, estamos atrasados! Vamos, depressa, senão perderemos o trem!*

Zahn *sm.*

1 einen Zahn drauf haben *loc.*
COM RAPIDEZ, A TODA, A MIL

—*Der kam um die Ecke gepest und hatte **einen** üblen **Zahn drauf**! Ein Wunder, dass es nicht gekracht hat!* • *Dobrou a esquina a mil! Não bateu por milagre!*

> Outras maneiras de expressar o mesmo são: **brettern** *v.*, **stratzen** *v.*, **turbo** *adv.*, **mit Vollgas** *loc.*, **volle Kanne** *loc.*, **volle Möhre** *loc.*, **volle Soße** *loc.*, **volle Pulle** *loc.*, **volle Suppe** *loc.*

2 einen Zahn zulegen *loc.*
ACELERE, DEPRESSA

—***Leg** mal **einen Zahn zu**. Sonst wirst du ja nie fertig mit deinem Referat!* • *Acelere, senão nunca terminará esse trabalho!*

3 ein steiler Zahn sein *loc.*
SER GATO, GOSTOSO

—*Megan Fox ist **ein steiler Zahn**.* • *Megan Fox é gata.*

Zappelbunker *sm.*
BALADA

—*Kommst du nachher noch mit tanzen?* // *Nee, auf **Zappelbunker** hab ich heut' keine Lust.* • *Você vai dançar hoje?* // *Não, não estou a fim de ir à balada hoje.*

zappeln *v.*
jdn zappeln lassen *loc.*
ENROLAR, ILUDIR, DAR FALSAS ESPERANÇAS

—*Was ist mit Harry? Läuft das jetzt?* // *Blub! Der **lässt mich immer noch zappeln**, der Penner!* • *Como vão as coisas com Harry? Nada ainda?* // *Ah! O sem--vergonha está me enrolando.*

zappenduster *adj.*
MUITO ESCURO, ESCURO COMO BREU

—*Der Winter ist gruselig. Jetzt ist es erst fünf und schon **zappenduster**!* • *Odeio o inverno. São cinco da tarde e já está muito escuro!*

Zeiger *sm.*
jdm auf den Zeiger gehen *loc.*
FICAR PUTO, IRRITAR-SE COM ALGUÉM

—*Das **geht** mir dermaßen **auf den Zeiger**, dass du immer so spät antanzen musst.* • *Fico puto porque ele sempre chega tarde.*

Zepter *sn. ou sm.*
CONTROLE REMOTO

—*Jetzt hast du genug gezappt! Gib' mir mal das **Zepter**!* • *Bem, você já zapeou bastante. Agora me passe o controle remoto!*

zerficken *v.*
ARRASAR, ACABAR COM ALGUÉM

—*Auf der Versammlung haben sie dich ganz schön **zerfickt**! Du hast in letzter Zeit aber auch viel Scheiße gebaut!* • *Acabaram com você na reunião! Mas você andou fazendo muita merda ultimamente!*

Zerquetschte (ein paar) *loc.*
E POUCO, E TANTO

—*Wie viel schulde ich dir noch?* // *20 **und ein paar Zerquetschte**.* // *Dann geb' ich dir 23, ist das o. k.?* • *Quanto te devo ainda?* // *20 e pouco.* // *Certo, vou te dar 23, ok?*

Zeug *sm.*
sich ins Zeug legen *loc.*
DAR UM DURO DANADO

—*Wow, was für'n Festschmaus! Da **hast du dich** aber richtig **ins Zeug gelegt**!* • *Nossa! Que banquete! Você deu um duro danado!*

Zicke *sf.*

VÍBORA, BRUXA, VACA
(*lit.* CABRA)

—Miriam ist voll die **Zicke**. Nicht nur, dass sie sich Carlas Geld rippen wollte, sie hat sich zudem noch an ihren Macker rangemacht. • Miriam é a maior víbora. Não só tentou ficar com o dinheiro da Carla, como ainda deu em cima do namorado dela.

zicken *v.*

ARRANJAR CONFUSÃO

—Meine Tochter ist nur noch am **Zicken**. Hoffentlich ist das nur das Alter und geht bald vorbei! • Minha filha está sempre arranjando confusão. Espero que seja coisa da idade, e que isso passe logo!

Zickenrumble *sm.*

BRIGA DE MULHER

—Geh' da bloß nicht rein, da ist übelst **Zickenrumble**. • Não se meta, que isto é briga de mulher.

zigmal *adv.*

MIL VEZES,
TROCENTAS VEZES

—**Zigmal** hab ich dir das schon erzählt und jedes Mal vergisst du es! • Já expliquei trocentas vezes, e você sempre esquece!

zischen *v.*
1 das kann ich dir zischen *loc.*

ESTOU DIZENDO!
PODE ACREDITAR!

—Sag mal, der X-Mann hat doch was mit der von Englisch am laufen? // **Das kann ich dir zischen!** • Ei, o professor de matemática está pegando a professora de inglês? // Sim, pode acreditar!

2 ein Bierchen zischen *loc.*

TOMAR UMA CERVEJINHA

—Lass uns noch **ein Bierchen zischen**! • Vamos tomar outra cervejinha!

zocken *v.*

JOGAR

—Was ist mit Wolf los, den sieht man gar nicht mehr? // Der hängt den ganzen Tag zu Hause rum und **zockt**! • O que há com Wolf, que ninguém mais vê ele? // Passa o dia todo jogando dentro de casa!

Zoff *sm.*

BRONCA

—Als meine Alten merkten, dass ich nicht zu Hause gepennt hab, da gab's so richtig **Zoff**! • Quando meus pais descobriram que não dormi em casa, levei uma puta bronca.

Zornröschen *sn.*

PIRRALHA, IMATURA

Trata-se de um jogo de palavras com **Dornröschen** (bela adormecida), **Zorn** (ira) e **Röschen** (rosinha).

—*Dieses **Zornröschen** geht mir übelst auf die Nerven. Die hat vielleicht eine miese Laune.* • *Essa pirralha me enche o saco! É muito mal-humorada.*

Zuckerschnecke *sf.*

GOSTOSA, GATA (*lit.* CARACOL DE AÇÚCAR)

—*Paula ist 'ne echte **Zuckerschnecke**, im Gegensatz zur dieser Schickimicki-Tussi Frederica.* • *Paula é uma gata, ao contrário daquela metida da Frederica.*

zudröhnen *v.*

FICAR DOIDÃO (DE DROGAS OU BEBIDAS ALCOÓLICAS)

—*Ich hab jetzt aufgehört, mich ständig **zuzudröhnen**. Stattdessen esse ich gesund und mach' jetzt Sport und Yoga!* • *Parei de ficar doidão. Agora como comida saudável, faço esportes e ioga!*

zumüllen *v.*

ENCHER, COBRIR ALGUÉM COM OS PRÓPRIOS PROBLEMAS (*lit.* ENCHER ALGO DE LIXO)

—*Hör endlich auf, mich mit deinen Liebesgeschichten **zuzumüllen**.* • *Pare de me encher com suas histórias de amor!*

zurückpfeifen *v.*

DETER, IMPEDIR

—*Der Journalist ist mit seiner Kritik ganz schön vorgeprescht. Aber am Ende **wurde** er vom Chefredakteur **zurückgepfiffen**. Die Zeitung will sich mit niemandem anlegen!* • *O jornalista foi muito agressivo com sua crítica. No fim, o redator chefe deteve ele, porque o jornal não quer arranjar confusão com ninguém!*

zutexten *v.*

FALAR DEMAIS, TAGARELAR, FALAR PELOS COTOVELOS

—*Ich hab übelst Schädelficken. Der Typ **hat** mich doch wirklich zwei Stunden lang nur **zugetextet**!* • *Minha cabeça vai explodir. Aquele sujeito ficou tagarelando durante duas horas!*

zu sein *loc.*

ESTAR MUITO LOUCO, CHAPADO, VIAJANDO

—*Ich **bin** total **zu**! // Das merkt man, was für ein Face!* • *Nossa, estou muito louco... // Dá pra ver. Que cara!*

1ª edição outubro de 2017 | **Fonte** Plantin Std
Papel Offset 120 g/m² | **Impressão e acabamento** Cromosete